MART

クックマートの
競争戦略

A Third Way
for Local
Chain Stores

ローカル
チェーンストア
第三の道

白井健太郎

Kentaro Shirai

COOKMART
AREA MAP
SENGAN NO TAKI
HAMAZOO
HAMANAKO UNAGI
HAMAMATSU
HAMANAKO
佐鳴湖南店
COOK MART
雄踏店
COOK MART
HAMAMATSU GYOZA
NAKATAJIMA SAKYU
可美店
COOK MART

TOYOKAWA
GAMAGORI MIKAN
LAGUNA TENBOSCH
一宮店
COOK MART
本野町店
COOK MART
国府店
COOK MART
諏訪店
COOK MART
TOYOKAWA INARI
牛川店
COOK MART
飯村店
COOK MART
東脇店
COOK MART
YOSHIDAJO
ユーアイ店
COOK MART
TOYOTETSU
KOSAI
浜名湖西店
COOK MART
TOYOHASHI
NISHINOHAMA FUSHA
NONHOIPARK
TAHARA

COOK MART

渥美半島の恵み
田原牛
JA愛知みなみ

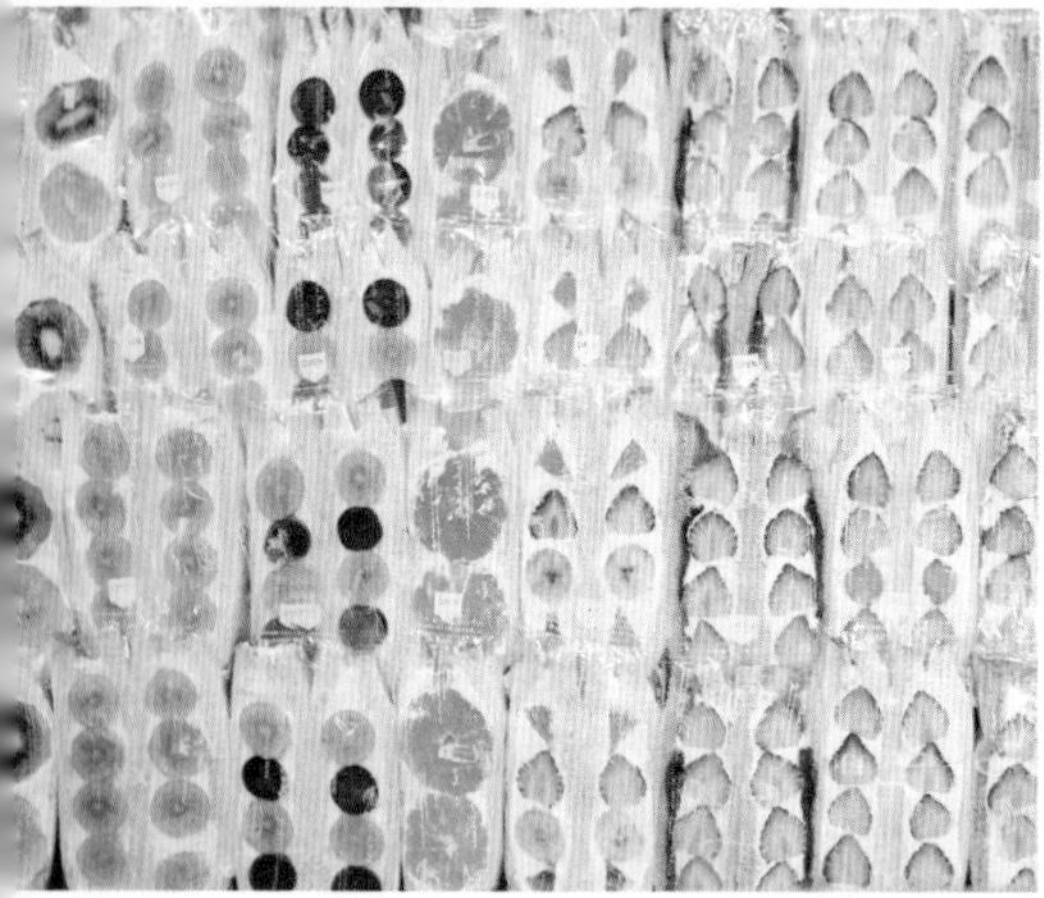

DELIGHT Inc.
COOK MART

それってデライト?

はじめに　――競争嫌いによる競争戦略

本書のタイトルは「クックマートの競争戦略」です。しかし、自分の人生を振り返ると、受験勉強、資格試験、運動会、マラソン大会、部活動でのレギュラー争いなど、枠組みが決められた中での「勝負事」がことごとくダメでした。「どっちが強いか、どっちが速いか」という「真っ向勝負」の競争になると、とたんに「どうぞどうぞ」と先を譲ってしまう。あまり争いを好まない性格。全く「体育会系」ではない。それよりも「いかにして競争しないか」「別ジャンル・新ジャンルになるか」を考える方が好きでした。

そんな私が、めちゃくちゃ競争が激しい食品スーパー業界に身を置くことになりました。食品販売の世界は、ローカルスーパー、大手スーパーに加え、コンビニ、ドラッグストア、ネット販売など、ありとあらゆるプレーヤーが参入して、あたかも「どつきあい」「バトルロワイアル」の様相を呈しています。争いが嫌いな私は「うわぁ、競争するのはイヤだなぁ」と思ってしまいました。「規模を追求するとキリがない。効率を極めると最後は『マシーン』になる。それをやっていて経営者も従業員も楽しいのか?」と素朴に思ってしまったのです。

そんな「競争嫌い」な私が「どうしようもなく」やってきたのが「どうしようもなく

自分」なことを追求していくという経営スタイルでした。「他社と比べてどうか」「マーケティング調査してどうか」という「外部」ありきで対処していくのではなく、「自分とは何者か?」「自社はどういう会社なのか?」を自問自答して、その必然性に基づいて意思決定するという極めて「内向き」な経営スタイルです。しかし、それをやっていくと、不思議なことに、社内が異様に盛り上がり、むしろ業績・競争力が上がっていくのでした。

本書を執筆したきっかけは、複数の著作のある知人から「白井さんの考えていることはスーパーマーケットの戦略としてもユニークだが、HR（人事戦略）や個人のキャリア形成の観点からも面白い。是非、本を書くべきだ」と、熱心に勧めていただいたことでした。また、流通業界誌「ダイヤモンド・チェーンストア」の編集部からも、「全国のいろんなスーパーを見ていますが、クックマートさんの考えはかなり独特。本を出す気ないですか?」と、いいタイミングでオファーをいただきました。

当初は我々の規模・キャリアで本を出すのはおこがましいと思っていました。しかし、スーパーマーケット業界を見渡すと、大手中心の論調が多く、「本当の」ローカルスーパーからの提言というのは非常に少ないことが気になりました。また、スーパー業界で話題になることと言えば、「売場」や「商品」といったマーチャンダイジングの話が多く、その前提となる独自の思想や組織文化について掘り下げて語られることはほとんどありません。この風潮に強い違和感を持っていました。こういうことが重なり、「身の程知らず」なのは承知ながら、我流でやってきた自社の経営について、一度、「棚卸し」してみるのも大事かもしれないと思うようになりました。

その後、本書の中でもお話しする、投資ファンド「マーキュリアインベストメント」との出会いがあり、ファンドや銀行などの第三者に向けて、自社のあり方を自分の言葉で説明することは重要だと、余計に思うようになりました。自分の考えていることは「既存の大手スーパーともローカルスーパーとも違う」。そして「一言では言えない」。だからこそ「本を書く必要がある」と思ったわけです。

しかし、言うは易く行うは難し。これだけの長い文章を書くこと自体、初めてだったので、執筆を始めるまでは苦労しました。「一言では言えない話」を説明しようとすると、どうしても独特の言葉遣いにならざるを得ません。既存のビジネス用語で語る限り、既存のビジネス概念の中に閉じてしまうからです。よって、本書では、「魔境」「越境」といったおよそビジネスらしくない言葉や文学の引用、私の個人史なども フル動員して食品スーパーとクックマートの特色について説明しています。初めは怪訝《けげん》に思われる方もいると思いますが、全章通して読んでいただくことで徐々に「魔境」の論理が解き明かされていくと思います。

この本のなかにはデライトとクックマートという2つの社名が出てきますが、基本的には同一のものだと思ってください。元々は社名がデライトで店舗名がクックマートだったのを、2022年、持株会社「デライトホールディングス株式会社」と事業会社「クックマート株式会社」に整理しました。

デライトホールディングスはこれからの新しいローカルチェーンストアのあり方を企画・構想し、応用展開していく会社。クックマートはそれを東三河〜浜松というローカルで具現化する会社、というイメージです。

この本は、スーパーマーケット関係者、特に全国各地で奮闘するローカルスーパーの経営者を念頭に置いて書きましたが、業種にかかわらず、競合他社と差別化を図りたい企業経営者やスタートアップ関係の方、仕事や働き方について釈然としない気持ちを抱えている方、会社を継いだ方、継ごうか迷っている方、ファミリーでビジネスをされている方、これから社会人となる学生さんにとっても、「読み方によっては」面白いのではないかと思っています。

本書の構成は以下のようになっています。

第一章では「業界の常識への違和感」と題し、簡単な会社紹介と、今までの食品スーパーマーケット業界の「常識」へのアンチテーゼを提示しています。

第二章「『どうしようもなくそう』なんだ」では、「本質的な違い」を生み出すために経営理念やコンセプトがどう関わっているか、自社の事例に基づいて説明しています。

第三章「ユニークさの根源は個人史にあり」と第四章「素手でつかみかかるような経営」では、どうしてこのような考え・経営スタイルに至ったのか、私の個人史から経営思想への展開を説明します。私という個人の性格がデライトという会社に「どうしようもなく」結実していくプロセスを描いています。

第五章では「組織戦略至上主義」として、デライト最大の特徴である組織文化や社内制度、さらにはクリエイティブやコミュニケーション周りについて説明しています。

最後の第六章は「越境／クロスボーダー」として、投資ファンドとの協業について、その経緯とねらい、人口減少・成熟経済期における自社やローカルスーパーについての展望を示しています。

本書の最後には、日本を代表する経営学者で、競争戦略の専門家である、一橋ビジネススクール特任教授・楠木建先生が異例の「ロング解説」を書いてくださいました。先生の主著である『ストーリーとしての競争戦略』は、10年前、私がデライト入社直後に出会い、クックマートの競争戦略を練り上げるきっかけとなった本です。

マーキュリアとの提携後、先生がマーキュリアのアドバイザーを務めていらっしゃるというご縁もあり、対談の機会をいただきました。10年前、夢中で読んだ本の著者と直接お話しさせていただき、経営学の視点からアドバイスをいただけるという身に余る光栄……。

それまでは本書の構成をどうしたものか、書きあぐねていました。しかし、楠木先生とお会いし、ある意味、『ストーリーとしての競争戦略』への「ローカルからのアンサーソング」として書いてみたらよいのではないか？　と思いました。すると、それまでの霧《きり》が晴れるかのごとく、一気に構成が明確になったのです。

まともに経営の勉強をしたこともなく、サラリーマン、学生としてもかなりの「劣等生」

だった私にとって、ビジネスマン人生最高の僥倖《ぎょうこう》となりました。楠木先生には改めて御礼申し上げます。

デライトホールディングス株式会社
クックマート株式会社
代表取締役社長　白井　健太郎

CONTENTS

2 「どうしようもなくそう」なんだ

3 ユニークさの根源は個人史にあり

4 素手でつかみかかるような経営

5 組織戦略至上主義

6 越境／クロスボーダー

1

業界の常識への違和感

クックマートとは？

「クックマート」は東三河（愛知県東部）～浜松（静岡県西部）に展開しているローカル食品スーパーです。創業は１９９５（平成７）年。私が高校生の時に、突然、父が始めた事業です。当時、平成不況の真っただ中。老舗がひしめき、「すでに飽和状態」と言われていた食品スーパー業界に、まさかの超・後発で参入。ほとんどの人が「ムリだろう」と言うなか、父や当時のメンバーの奮闘プラス、いろいろなツキもあり、クックマートはいつの間にか地域の人気店になっていきました。

最大の特徴は「チラシがない」「ポイントカードがない」「ネットスーパーがない」「深夜営業しない」「ＰＢ（プライベートブランド）がない」など、「業界の常識」に反した「ないない尽くし」の独自の戦略です。その結果、一店舗あたりの売場面積は平均３００坪と小ぶりながら、平均年商は27億。一般的な同規模の食品スーパーが15億程度ですから「普通のスーパーの倍」近くの売上を上げていることになります。しかも大都市圏ではない、ホントの「ド・ローカル」で、これだけの売上を上げるというのは全国的にも珍しいことです。

価格帯としては普通のスーパーよりお値打ちで、しかも生鮮を中心とした商品のクオリティが高い。大手ともコンビニとも他のローカルとも違う、「日常使いにちょうどイイ感じ」。そのギャップ、総合的な満足度が、来店客数、来店頻度、買い上げ点数につながり、この売上になっていると考えています。

おかげさまで、創業以来、業績を伸ばし続け、来店客数は12店舗で年間1、000万人超、売上300億超。帝国データバンク企業評価第1位（同エリア・同業種）など、地域で多くのご支持をいただける企業となりました。

ただ、初めから「狙って」そうなったわけではなく、そのときそのときでやるべきことを積み重ねていたら、「振り返ったら」そうなっていた、というのがリアルな実感です。あまり他社のことを気にせず、どの団体にも所属せず、ひたすらマイペースに自分たちの「必然」と向き合っていたら、気づいたら会社がどんどんよくなっていった、という感じなのです。

越境者

私がクックマートに入社したのは2012年のことです。それまでは父からの誘いを断って、東京の大学を卒業後、インターネット広告、キャラクタービジネス、映像制作、観光プロモーション、クリエイターのエージェントなど、スーパーとは全くの異業種で働いていました。

豊橋に戻りクックマートに入社することになった転機は、前職で一通りの経験を積み、地方の観光プロモーションの仕事をしたことでした。

経済産業省を巻き込み、富山県など、ローカルの観光資源を地元クリエイターと組んでアニメ化し、ＹｏｕＴｕｂｅやニコニコ動画、海外のテレビ局などで配信して観光客を呼ぶという企画に関わりました。その中で、古いもの×新しいもの、アート×ビジネス、地方×都会など、異質なものを掛け合わせること（＝「越境」）が好きだし、面白いと思ったのです。

異質なものというのはギャップがあるほど面白くなります。「本格美少女アニメ×五箇山・合掌造りの古民家」「立山連峰×ヤマンバギャル」「イタリア・アマルフィ×富山料理」など、クリエイターの発想が面白過ぎて「何でもアリだな」と思いました。

それまでは、「東京で何か面白いことをやって生きていく」と思っていました。しかし、地方と東京を行き来し、いろんなクリエイターと関わる中で、自分が経験してきたＩＴやクリエイティブ周りのノウハウをローカルに持ち込み、しかも食品スーパーという全く異質なものに掛け算したら、とんでもなく面白いことが起こるのではないか？　……そんな予感がしてきたのです。

業界の常識への違和感

異業種からスーパー業界に来た私は、すぐに「業界の常識」に多くの違和感を持ちました。同業を見渡したところ、なんだかみんな「すごく似ている」ように感じたのです。まず、いろんな会社のホームページを見てみると、理念やコンセプトが大体同じ（「地域の食生活を支えます！」「食生活応援宣言！」みたいなのが多い）。そして、お互いの店をしょっちゅう見ては真似しあっている。もしくは今までの成功パターンを反復・踏襲している。チラシの雰囲気やＰＯＰの作り方、販売方法や商品など、諸々よく似ている。ある種、「スーパーとはこういうものだ！」という強烈な「思い込み」や「常識」が強い業界だと感じました。

競争戦略というのは、本来、「他社との違いを作ること」のはずです。違いがなくなること＝同質化で「そのお店じゃなくてもよくなる」わけですから、利益はどんどん出なくなる。それなのに、みんな一生懸命他社を見て、真似をして、業界のベストプラクティスや好事例をそのまま採り入れていくという矛盾。「付け足し、付け足し」で、やることばかり増える。結果、生産性が落ち、違いがなくなり、最終的には「安売り競争」になる。

これはどうしたことなのか？

「業界の素人」である私は、ちょっと引いた視点から「なぜこうなのか？」と考えました。その背景には、食品スーパーも、他の小売業同様、「スケールメリットを追求すべし」、そのために「速く、大きくならないといけない」、だから「大手スーパーを手本として『規模拡大・効率重視』に精進しなくてはならない」という、ある種の「思い込み」「強迫観念」があるのではないかと思いました。

チェーンストア理論

小売業界全体を見渡すと、スケールメリットを追求し、「規模拡大による効率」を重視する「チェーンストア」の考えが支配的です。ほとんどの小売業において、販売している商品は、大量生産・大量販売可能な「工業製品」だからです。これらはスケールメリットと相性がいい。たくさん作って、たくさん売る。たくさん仕入れて、たくさん売る。合理的なことです。

特に、戦後復興～高度成長の時代は、人口が増え、若者が多く、購買意欲も旺盛。その需要に対応するために、まるで「規格化された自動販売機をなるべく早く、たくさん設置していく」ようなスピード感は時代に合っていました。

それにより、個人商店中心だった日本の小売業は、戦後、多くがチェーンストアに置き換わりました。チェーンストアになれない企業は淘汰され、なれたところが生き残る。そして、チェーンストアの中でも大手への上位集中・寡占化が進んでいきました。

コンビニなどは最も顕著で、大手3社にほぼ集約されましたし、総合スーパー、百貨店、ホームセンター、家電、ドラッグストア、あらゆる小売業で上位集中は進みました。また、衣料や家具といった分野でも、独自の創意工夫を加味したファーストリテイリング（ユニクロ）やニトリのような企業が現れ、圧倒的な存在になりました。

食品スーパーの特殊性

しかし、小売業の中で、食品スーパーは少し特殊で、最も寡占化が進んでいない業態です。コンビニやドラッグストアのように全国チェーンになりきらず、大手と言ってもいまだにエリアを限定する企業がほとんどです（イオン、セブン&アイなどの総合スーパーのグループを除き、純粋な食品スーパー大手を見ていくと、ライフ、ヤオコー、サミット、オーケー、アークス、バローなど、いずれも全国チェーンではありません）。

これは寡占化が「遅れている」と言われますが、実はそうではなく、そもそも食品スーパーは「全国チェーンに向いていない」「大きくなることと相性が悪い」「どうしようもなくローカルなものである」ということではないでしょうか。

食品スーパーの特殊性を突き詰めると、

❶売上構成比の過半数が生鮮食品というナマモノである【生鮮】
❷生鮮食品というナマモノはローカル性を強くはらむ【ローカル】

❸それを扱う人も客もまたナマモノである【人間】

という三重の「ナマモノ」ということに行きつきます。

生鮮食品は、「ナマモノ」であるために、工業製品とは違い、大量生産が難しい。加えて、品質や規格にバラツキがあり、鮮度劣化が早く、適切な保存・加工・調理技術が必要となる。それに輪をかけ、地域ごとに極めて特殊な食文化が存在し、これらに個別対応することが求められます。

例えば、クックマートが展開する東三河（愛知県東部）〜浜松（静岡県西部）エリアは、距離は車で30分と近くても、元々は三河国と遠江国。浜名湖を挟んで西と東で大きく食文化や風習が異なります。

顕著なのは、お盆の習慣。東三河は多くの人が帰省してきて親戚が集まって食事をするので、大きな桶の寿司やオードブルがよく売れます。お墓参りには菊などの生花を買っていかれる方が多いです。一方、浜松はスズキ、ヤマハなど世界的なメーカーが多いせいか、逆に、外に出て行ってしまう方も多いです。お盆の時期も地域によって7月13日～15日の新盆と8月13日～15日の旧盆に分かれていて、東三河ほど人が集まらない印象です。浜松エリアのお盆ではこの地域独特の篭《かご》盛り（花で装飾された、お供え用の食品）がよく売れます。お墓のお供えは常緑樹の樒《しきみ》が多いです。

お祭りは浜松が圧倒的に盛んで、特に「凧《たこ》揚《あ》げ合戦」が有名な「浜松まつり」は各町内から御殿屋台《ごてんやたい》（山車《だし》）が出て、多くの人がハッピを着て街を練り歩きます。東三河は「天下の奇祭」と呼ばれる「鬼祭《おにまつり》」が有名で、赤鬼

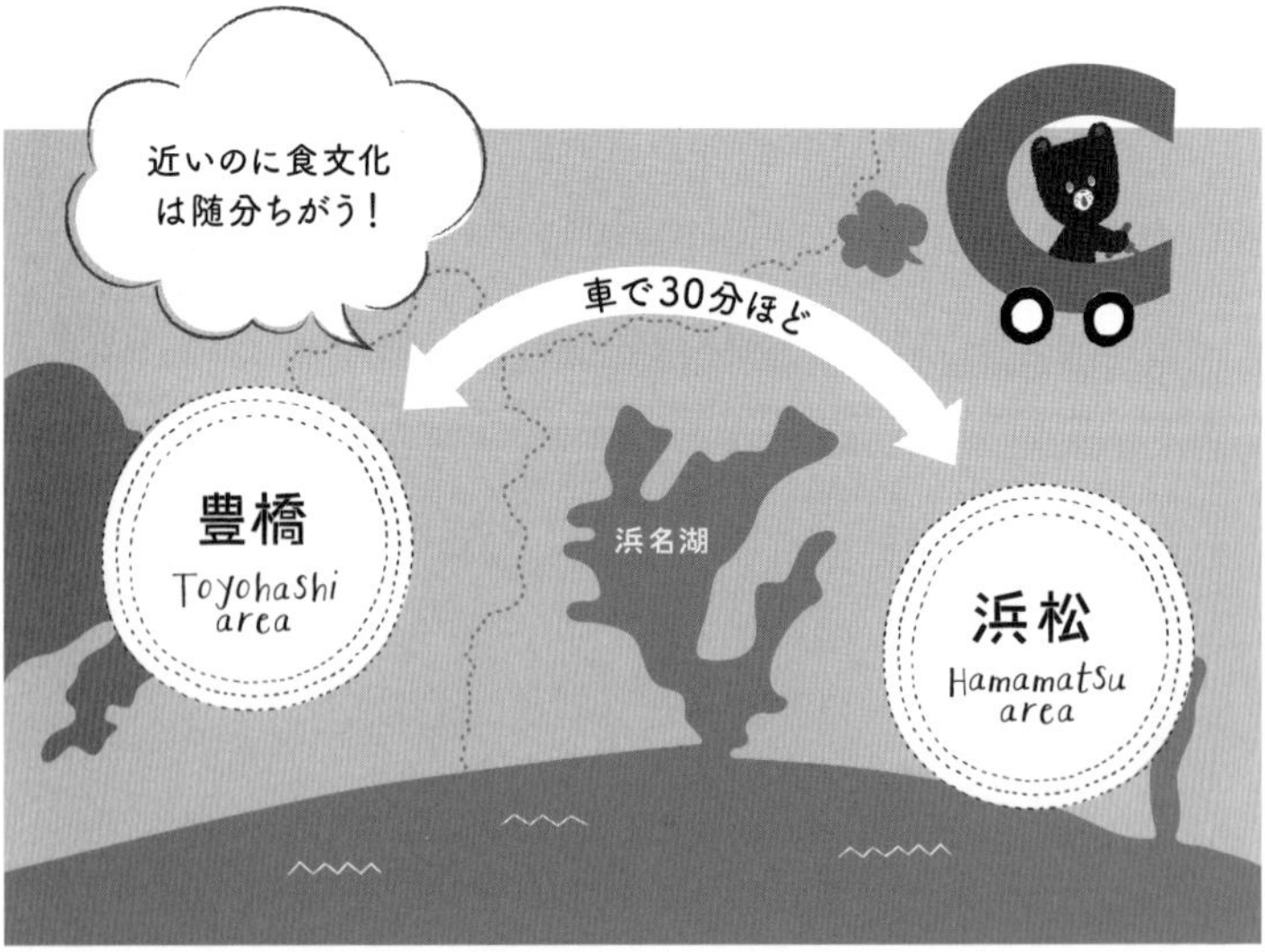

が白い粉とともにバラまく「タンキリ飴《あめ》」という厄除《やくよ》けの飴を食べます。この時期にうっかり神社の近くに行くと、白い粉を掛けられるので要注意です。

魚は東三河では圧倒的にマグロを食べるのに対し、浜松はびっくりするぐらいカツオ。

味噌は東三河が赤みそ中心なら、浜松は信州の合わせや白みそ中心。

お雑煮は東三河が花かつおをたっぷりかけて食べるのに対して、浜松は青のりをたくさんかける。

おでんの具は東三河がヤマサのちくわなら、浜松は黒はんぺん。

カップ焼きそばは東三河がＵＦＯで、浜松はなぜかペヤング。

東三河で局地的に売れるのが、あんかけパスタ、味噌煮込みうどん、スガキヤラーメン、ブラックサンダーなら、浜松は浜松餃子、うなぎパイ、わさび漬け。

全体的に静岡の方は本当に静岡ブランドが好きで、地元愛がスゴイ。一方で東三河はわりとそのへんユルめ。

細かく上げればキリがありません。たった30分の距離で、その違いと多様性は驚くほどです。

このように、生鮮・食文化というのは地域性と切っても切り離せません。単なる「うまい・まずい」とか「便利」以前に、その地域の文化・伝統・風習と分かちがたく結びついている。「うまいから食う」というよりも、「今までも食ってきたからこれからも食う」という「理屈ではない」部分が多いのです。

これだけ地域性がつよい食文化に、一般的なチェーンストアのやり方（規格化・合理化）を当てはめようとすると、どうなるか？

チェーンストアの考え方は「規模拡大・効率重視」で全国展開。なるべく同じオペレーションでやりたい。対して、生鮮・ローカルの現実は、地域密着でなるべく個別対応したい。そこに「大手スーパーとローカルの決定的な相性の悪さ」を感じるのです。大手スーパーは確かに便利で必要です。しかし、「世界がそれだけになったらつまらない」というのが私の考えていることです。

食品スーパーは「魔境」

食品スーパーは「生鮮・ローカル・人間」という三つの「ナマモノ」が複雑に絡み合って、ある種、独特な世界を形成しています。それを私は「**魔境**」と呼んでいます。

「魔境」というと一般的には「悪魔や魔物の住む世界」「どんな危険がひそむかわからない、人跡まれな地域」というおどろおどろしいイメージかもしれません。しかし、第五章で改めて詳述しますが、私としては「人知を超えた不思議な力」「人間の理解の及ばないこと」「合理化だけでは難しいこと」を扱っている「面白い世界」というニュアンスでこの言葉を使っています。食品スーパーの複雑性・特殊性・面白さを表現するには既存のビジネス用語では難しいと思っているのです。

食品スーパーは「生鮮・ローカル・人間」を扱う「魔境」であるがゆえに、単純な「規模拡大・効率重視」でチェーンストア化を図っても上手くいかない。それを突き詰めると、大きくなる過程で必ず歪《ひず》みが生まれる。店舗ごとの売上・客数が多く、来店頻度が高く、その内部に複数の生鮮部門を内包する食品スーパーは、規模拡大の過程で、一店一店が弱くなるという「宿命」「ジレンマ」を抱えている。ここから逃れるのは容易ではない。基本的に、合理化すればするほど食品スーパーとしての魅力は落ちる。
そういう意味で、食品スーパーは他の小売業とは「似て非なるもの」だと考えています。ある程度大きくなることは大事ですが、大きくなりすぎるとむしろ、スケールデメリットさえある。しかし、今までは他のチェーンストア同様、大きくなればなんとかなると思っていた。数値化し、分析すれば「飼いならせる」と思っていた。しかし、本当にそうでしょうか？

合理化を突き詰めると、最終的にみんな似ていく、というのが私の考えです。大手スーパーの総菜コーナーを見ていると、「工場で作ったものを、ただ並べている」ことがよくあります。そういう商品は不思議なほど魅力がない。いわば「スーパーのコンビニ化」。ナマモノたる生鮮食品に対して合理化・規格化の思想で対峙すると、出てくるものはある種の工業製品としての「死んだ規格品」になってしまいます。せっかくの生鮮食品という生きた素材が、規格化される中で死ぬのです。

本来、地域の食を扱う市場《いちば》というのはローカルなもので、合理性だけでは対応できないのが当然の世界でした。しかし、ある時期から、極端なチェーンストア化が進み、大手スーパーを手本として徹底した合理化・規格化を目指すようなあり方が「正解」と見なされてきたように思います。

チェーンストアの考えでは、なるべく効率的な運営が志向され、人の個性やモチベーション、現場での気づきや創意工夫は、「完璧なオペレーション」を狂わせる「ノイズ」として扱われがちです。なるべく本部の指示通りに、忠実に計画実行することが現場の仕事になる。しかし、「完璧なオペレーション」というのは本当にあるのでしょうか。むしろ、完璧を目指すあまり、従業員のモチベーションや個性を阻害してしまう「副作用」も大きいのではないでしょうか。それは、ある種「部分的・短期的」には合理的であっても、「全体的・長期的」には非合理だと思うのです。食品スーパーにおいても、ある程度の合理化は必要ですが、全てを合理化し尽くすことはできない。何事にも「ほどほど」「適正サイズ」「人間サイズ」というものがある、というのが私の考えです。

ブルース・リーの映画「燃えよドラゴン」に「Don't think! Feel.（考えるな、感じろ）」という有名なセリフがあります。私は、本来、ナマモノを扱う食品スーパーにおいても、この「考えるな、感じろ」が大事だと思います。「マズそうなものを置いておくな」「ナマモノをナマモノとして扱え」「この売場、ちょっと変じゃないか？」「季節感がおかしい」、そういう直感・違和感は、自然でまっとうな、動物としての感性があれば「あたりまえ」に感じることです。

しかし、最近はビジネスの論理が食の領域にも侵食しきて、むしろ逆。「感じるな、考えろ」という風潮が強いように思います。

そして、数値化・データ化できないことは「ないもの」として無視され、計数管理の勉強やマニュアル接客など、知識ばかり増やして、何かを感じて現場で工夫することはむしろ禁じられているきらいさえある。いわば、商売の「おべんきょう化」。しかし、「魔境」たる食品スーパーは本来、「感じる」ことなく運営できる場所ではないと思います。

魔境の扱い方

本来コントロールできないものを無理矢理に管理し、コントロールできると思うとうまくいかなくなる。一方で、謙虚に、「複雑なものを複雑なまま」リスペクトして扱うと、そこから多くの恵みを受け取ることができる。「生鮮・ローカル・人間」という「魔境」はこういう二面性を持っているように思います。

「魔境」を適切に扱ったときに生まれる「ピチピチの食べ物」。その「勢い」「鮮度」「輝き」は実に不思議なもので、魔法がかかったように売場と商品に現れます。カットフルーツ、お刺身、ローストビーフ、お弁当……手間暇かけた「手作り」の違いは一目瞭然。クックマートにはそうした商品があふれています。見ればわかる、食べればわかる。それが信頼を生み、リピーターにつながっていきます。

つまり、生鮮においては「複雑なものを複雑なまま取り扱う」「手間暇かける」というプロセスが欠かせないわけです。それを無視してむやみに規格化・合理化すると、魔法が解けて、無機質な売場と商品になる。それを賢い消費者は「感じる」ことができる。「安いけど、何かヘンだぞ」と。

振り返ってみると、クックマートがやってきたことはある意味「複雑なものを複雑なまま取り扱う方法」「『魔境』を味方にする方法」のような気がするのです。

生鮮・ローカルという「魔境」は外から見るとカオスに見えますが、内部から見ると非常に豊かで楽しい場所。それゆえに「魔境の住人」はそこが「魔境」だと思っていない。「え？　俺たち、魔境の住人なんすか？」と、「きょとん」としている。

「魔境」というのは、あくまで外部からやってきた私が、「外からの視点」で見たときに出てきた言葉です。異業種から「越境者」として「魔境」にやってきた私は、ある種の「異邦人」として「魔境」を見ることができ、固唾をのんでそのパワーと潜在能力の大きさを「再発見」したのです。しかし、この業界ではいつしかその「事実」が忘れ去られてしまっている。だれもそこが「魔境」だなんて思っていない。「合理化すべき未開の地」として見ている。ここに盲点がある。

魔境を畏怖せよ

この合理化できない「魔境」にコンサルタントとか、外部の「頭のいい人」がやって来て、無理に合理化できる、計測できる、と思うと、おかしなことになります。「魔境の複雑さ・恐ろしさ」をわかっていない。

実際、並み居る世界のツワモノどもが、この「魔境」に喰われてきました。ECの王者Amazonが生鮮に乗り出しても他の領域とは違ってあまり上手くいっていないのを筆頭に、ファーストリテイリング（ユニクロ）が挑戦するも「これはマズイ」とすぐに撤退。世界No.1小売業のウォルマート、フランスを代表するカルフールなど、グローバルな外資系スーパーが日本に来ても、ことごとくみんなうまくいかない。

なぜなら、そもそも食品スーパーは「ド・ローカル」なものであり、日本の生鮮はとりわけ地域性がつよく、繊細であり、世界的な大企業が手掛けるには「とても合わない」分野だから。大手が手を出してもそんなに儲かる分野ではないし、大手のよさが出ない分野だと思うのです。むしろ、ヘタに侵入すると、ズルズルと引きずり込まれ、気づくと肩まで浸かっているような底なし沼。よって、魔境のことは「魔境の住人」に任せる方がいい。

現場に大きな裁量のあるクックマートには、生鮮・ローカルを熟知する多種多様な「魔境の住人」が棲《す》んでいます。例えば、「肉仙人」「フルーツ王子」「クックマートのさかなクン」「接客の神」「地元のグルメ王」など、規格化とは真逆の、デコボコと尖《とが》った個性を持った「名手」たちがいて、彼らはその卓越した技能やセンスにおいて社内で一目置かれ、リスペクトされています。人材の活躍の場は必ずしもマネジメント領域だけではありません。「人間関係は苦手だけど、ひたすら野菜や魚と対話するのが得意」という人がいてもいい。

人間はそれぞれ違い、それぞれの能力・特性にあった居場所があると思うのです。

生鮮・ローカルという「魔境」を扱うには、こういう「名手」を活かす土壌が重要になります。そのためには、汎用《はんよう》的な人事制度や、一般的なチェーンストアの指示命令系統では無理があると考えています。「魔境」には「魔境」に合った独自の人事制度、社内ネットワークが必要になるわけです（この内容については第五章で論じます）。

こうした、「魔境の名手」たちをリスペクトし、彼らが活躍できる環境を整えると、売場や商品にダイナミズムが生まれ、本部で企画するよりずっと面白い売場になっていきます。そこからクックマートならではの様々な人気商品が生まれていきました。「でぶパン」「寿司ケーキ」「肉巻餃子」など、普通は売れないような商品が、しっかり根付き、売れていく。

本部でマーケティング調査をし、「これが売れるから」と商品開発するのではなく、現場の感覚で作ってみて、売れたものを横展開する。「魔境」を熟知する「魔境の住人」による自主運営。本部からの押し付け、やらされ感だと、こういう商品は生まれてこないし、生まれたとしても定着しないでしょう。

こういうことができるのには、これから本書で紐解いていく独自の思想、組織文化、社内制度などが縦糸・横糸のように折り重なった結果として可能になっています。だから、他社が表面的に真似することはできないし、真似しても続かないのです。

「魔境には魔境の流儀がある」。私は、食品スーパーをやるには、「生鮮・ローカル・人間は『魔境』である」という認識に加え、「ローカルの普通の人々」への愛（シンパシーとリスペクト）が重要だと思っています。

愛すべきマイルドヤンキー

さて、「ローカルの普通の人々」とは、どんな人たちでしょう? 典型的なのは、いわゆる「マイルドヤンキー」(※)です。この言葉は好みが分かれるかもしれませんが、私はわりと親しみを込めて使っています。都会のエリート（意識高い系）に対する、ローカルのマイルドヤンキー（意識してない系）。エリートを集めて「世界一」を目指すというのも会社の一つのあり方ですが、私の好みとしては、「地方のエリートでない人たちを集めて、都会のエリートにもできないことをする」。そういう方が自分としては面白いし、ワクワクするのです。

※　マイルドヤンキー
マイルドヤンキーとは、マーケティングアナリストの原田曜平氏（博報堂ブランドデザイン若者研究所）が提唱した概念。従来のヤンキーのような攻撃的な不良ではなく、地元志向が強く、同年代の友人や家族との仲間意識をベースとした生活をする層のこと。

マイルドヤンキーの何がいいかというと、無理をしていない、自然体なところ。ある意味健全。人間らしい。生まれた場所で育ち、そこに満足し、そこから出ない。即ち、満たされている。ゆえにルサンチマン（怨念）がない。挨拶が元気。笑顔が素敵。めっちゃいい人が多い。

都会では「マインドフルネス」が流行っているそうですが、マイルドヤンキーの生活は言ってみれば「毎日がマインドフルネス」。瞬間瞬間に生きているわけですから、ある意味、自然体で図らずして「悟りの境地」です。「マインドフルネス？　なにそれ？　うまいの？」という世界。瞑想する必要もなく元気。都会人が意識的に「マインドフルネス」をしないと元気になれないということは、それだけ都会が人間にとって「過酷な場所」「不自然な場所」ということなのかもしれません。

都会にいると全てが人工物、バーチャル、観念に囲まれて、「言葉の中」「人工的な考えの中」に閉じ込められていくような気がしてきます。田舎がいいのは「言葉の外」「人工的な考えの外」の領域が多いこと。見上げれば山があり、傍らを見れば川がある。

言葉にならないことが人間にとってどれだけ重要か。都会にいるといつのまにか「不自然」があたりまえになっていく。さらに最近では、そこに輪をかけてネットというバーチャル空間まで侵食してきやがる。メタバースなんていうのは個人的にはまっぴらごめん。

マイルドヤンキーの好きなことは、釣り、フットサル、野球、ゴルフ、テニス、キャンプ、カラオケなど。仲間で集まってワイワイ楽しんで、サッと解散。帰宅後は家族や友人と「まったり」過ごす。新聞や雑誌は多少読むけど、本はあまり読まない、興味がない。「勉強のための勉強」「何かに役立てるための勉強」というのが嫌い。「面白いから夢中になっていたら、振り返ると役に立っていた」というのが好き。

ただ、マイルドヤンキー〝だけ〟だと「内向き」過ぎて、どうしても視点がミクロになってしまうことが多い。そこで、「越境者」たる私の出番。マイルドヤンキーの気持ちや望みをわかった上で、それがきちんと成立するよう、組織や制度を整備する。東京仕様ではない、ローカル仕様の会社を作る。

また、地域外・業界外など、部外者とのやりとりにおいて「通訳」として機能する。IT、金融、マスコミ、クリエイティブなど、ローカルの人たちからすると、名前を聞いただけで「ヤバイ」「ムズイ」「怖い」とアレルギーが出て警戒してしまうジャンルについて、「いや、そんな大したもんじゃない」「要するにこういうこと」「やつらも人間」と、専門用語ではない、ローカルの言葉で説明できること。これが重要だと思っています。


このように、ローカルでは、むやみに大企業やグローバル企業の真似をするのではなく、地元に住み、地元に根差す人々へのリスペクトを持ち、「地元の普通の人々」たちが楽しく、納得感を持って仕事ができるようにすることが大事だと思っています（なぜなら、日本全体で見ると、そういう人の方が圧倒的に多いのだから）。それは、都会のエリートが頭で考えた「観念的」な世界とはだいぶ違う世界です。

しかし、今までの「業界の常識」「ビジネスの論理」だと、「魔境⁉　アホなことを言うな！」「『魔境』なんてない！　そこは『未開』なのだから速く文明化すべきだ！」ということになりがちです。

けれども、それを突き詰めると、現れるのは全国一律の「のっぺりとした売場」であり、地域にとっても、お客さんにとっても、働く人にとっても、ひいては経営者にとっても、長期的に見て失うことの方が多いように思うのです。

それは、売場や商品からローカルならではの地域性・ユニークさが失われ、クラフト感・手触り感のある仕事が分業化され、どんどん「つまらなくなっていく」プロセス。果たしてそれはいいことなのでしょうか？

魔境には魔境の論理がある。例えるなら、文化人類学者のレヴィ＝ストロースが「野生の思考」の中で指摘したように、そこにはある種「西洋近代文明とは違う合理性がある」わけです。そして、そこは大手スーパーの便利さとは違った、ローカル独自の「賢さ」、愛すべきマイルドヤンキーたちの生活、独自の豊潤な「別世界」が広がっています。

今までひとくくりにされていた「食品スーパー」の中に、「魔境」という補助線を引き、「大手スーパー」と「ローカルスーパー」を別物として認識する。

「大手スーパー」は引き続き、安さと便利さを追求してもらえばいいが、世界がそれだけになったらつまらない。

「ローカルスーパーは大手スーパーになることが進化だと思ってきたが本当にそうだろうか?」

「大手スーパーとローカルスーパーを別ジャンル(似て非なるもの)として見たらどうだろうか?」

「大手とは違う本当の『ローカルスーパー』こそ、地域を元気にし、活気を生むのではないか?」


これらの疑問・問題意識から、ローカルならではの打ち手が生まれてきます。既存の「モノの見方」への「違和感」がクックマートの戦略の起点となっているわけです。

どうしようもなくローカルなもの

食品スーパーというのはそもそもが「どうしようもなくローカルなもの」というのが私の認識です。それを無理矢理「全国チェーン化」し、「規格化」し尽くそうとするところに無理がある。

一店舗あたりの大きさも、やたらに大きいお店を作る風潮がありますが、それは企業の論理であってお客様の論理ではないのではないか？

つまり「人間サイズ」ではない＝「不自然」だと思うわけです。

こうした状況を見るにつけ、私は「食品スーパーにおいて『大きい』『速い』というのはそんなにいいことなのか？」「お客さんからすると食品スーパーが全国チェーンかどうかなんてどうでもいいんじゃないか？」「むしろ、特色あるローカルスーパーが強い方が嬉しくないか？」「強くてユニークなローカルスーパーがないこと・淘汰されてしまうことが問題なのではないか？」と考えるようになりました。

現状に甘んじて「守り」に徹するわけでもなく、大手を目指して規模を追求するわけでもない。これからの時代に合った新しいローカルチェーンストアのあり方を考えられないか？と、「妄想」をするようになったのです。

ローカルスーパーをやっていて、精神衛生的にいいのは、自分たちのやっていることに「大義・必然性がある」「役に立っている」と心の底から実感できるというところです。

「大手や世界的なＩＴ企業よりもクックマートがやった方が（本当に）いいでしょう?」という部分が多々あって、そこに自信や誇りを持てるのです。

なにも大手ばかりが偉い・凄いわけじゃない。「ローカルでこんな面白い企業を作って繁盛させるのって、めっちゃ痛快じゃない?」「ローカル、むしろカッコいい!」「クックマート、いいっしょ!?」というように、やりがいを感じながら働いている人が多いのです。

でも、そこに気づけないと「目指せ大手」「俺たちはいまだ未開で遅れている」という自己認識になってしまいます。それは常に「劣等感」をもって生きるようなものです。

しかし、わざわざ「大手の土俵」に上がる必要はない。大手は大手の横綱相撲があるだろうけど、こちらはこちらでローカルらしい面白い相撲を取ればいいと思うわけです。

アーティストへのシンパシー

既存の枠組みにとらわれると窮屈になる。経営やビジネスは、「唯一の正解」を目指す受験勉強じゃない。「どっちがデカいか」「どっちが速いか」というレースでもない。外部の圧力によって「仕方なく対応する」ものでもない。

もっと自由で、面白くて、ワクワクする、内発的なものなんじゃないか？「どうしようもなくそうなんだ！」という個人的な想いの発露。「こうじゃないと嫌だろう？」という提案。そうじゃないと経営者自身がやっててつまんないだろう？と思うのです。

そういう意味で、私は常々「アーティスト」にシンパシーを感じてきました。もう、「儲かる・儲からない」ではなく、「どうしようもなくそうなんです、すみません！」という感じがいい。その結果、「図らずも儲かってしまう」というのがいい。

例えば、写真家で今や総合的な現代アーティストである杉本博司さん。若いころから時間の性質、意識の起源など、独自のコンセプトを追求し、創作活動を行ってきました。代表作は世界中の水平線を同じ構図・美しいモノクロで撮った「海景」。コンセプトは「古代人の見ていた風景を現代人も同じように見ることは可能か」。画面中央に水平線があり、上は空、下は海というモノクロームの「ド・シンプル」な作品。延々と世界の断崖絶壁を渡り歩き、現代文明の痕跡のない海に「古代人が見たであろう風景」を見て、作品として制作し続けました。作品ができたとき、杉本さんは「自分はいいと思うけど、これは売り物にはならないだろうな」と思ったそうです。しかし、数十年後、写真作品として最高峰の値段が付くようになっていました。

アーティストなので当然ですが、「儲けよう」と思って作ったわけでなく、自分なりのテーマ・コンセプトを追求していたら、「儲かるようになってしまった」。その儲かったお金のほとんどを古美術・骨董収集に再投資し、自分のアートの滋養として循環させ、作品として昇華させる。今は生涯をかけた「遺作」として、小田原に広がる広大な蜜柑《みかん》畑の跡地に「江之浦測候所《えのうらそっこうじょ》」という不思議な施設を作っている。ここは杉本作品のギャラリーであると同時に、巨石、庭園、門、茶室、各時代の特徴を取り入れて再現した建築群などからなる。朽ち果てて数千年後に遺跡として発見されることを想定した「超・マクロ」視点の作品。これはあまりに凄すぎるとしても、現代のビジネスシーンは視点があまりにミクロすぎないか？　経済合理性にばかりとらわれて、「どうしようもなくそうなんだ！」が弱すぎないか？　そんなことを思うのです。

アーティスト関連でもう一人。漫画家の水木しげるさん。稀代の奇人として有名で、集団行動が全くダメ。軍隊生活でどんなにビンタされてもボーっとしていたというぐらいマイペース。熱中すると周りが見えなくなるタイプで、最前線で見張りをしているときに、望遠鏡で見つけたオウムの美しさに見とれているうちに敵に襲撃される。

戦後、紙芝居作家、貸本作家、漫画家と、極貧生活を経てようやく食えるようになったのは40過ぎてから。一貫して不思議なもの、言葉にできないこと、目に見えないことを追求。そこに独自の言葉とビジュアルを与え、「妖怪」というジャンルを確立しました。

儲かる・儲からないじゃなくて、「どうしようもなくそうなんだ」「これしかできないんだ」「オモチロイんだから仕方ない」という勢いで己の世界をひたすら爆走。結果、50近くになって「ゲゲゲの鬼太郎」「悪魔くん」などで大ブレイク。

ブレイクした後はあまりの忙しさに嫌になり、パプアニューギニアへの移住を図るも、家族の猛反対により断念。代わりに「妖怪探検家」として世界中を旅して回りました。

自分が「いい」と信じるコンセプトをひたすら面白がって追求し続ける。ただ、それが世の中と噛《か》み合うかはどうかはわからない。それでも、やる。

経営やビジネスにはもちろん打算も必要ですが、その前提として、アーティストのような内発性、「どうしようもなくそうなんだ!」がないと面白くない。というか、それがないと、新しいことはできない、違いは生み出せないと思うのです。

そうでないと、「経営者なのにオペレーター」「今ある正解の中で粛々と回す」というおかしなことになる。経営者を駆動させるのは本来、原始的なアニマルスピリッツ、アーティストと同様の「どうしようもなくそうなんだ！」だと思うわけです。

『ストーリーとしての競争戦略』

さて、業界に入った瞬間から、業界の常識に「違和感持ちまくり」だった私が、デライト入社直後にたまたま出会ったのが当時、本格的な経営書として異例のロングセラーとなっていた、一橋大学・楠木建先生の『ストーリーとしての競争戦略』でした。

この本は500ページぐらいある厚めの本なのですが、見開きに「話が長いのには理由がある！」と書いてあります。要するに、「一言で言えない話」だということです。

私はわりと「一言で言えない話」が好きで、「一見こうなんだけど実はこう」とか、「似て非なるもの」ということに興味があります。その「微妙な違い」に真実を見出すことが好きなのです。その究極が「文学」だと思っています。文学、特にゴリゴリの純文学というのは一言で要約できない、早送りもできない。それを読むプロセス自体に意味がある。じっくり・ゆっくり読む中で、諸々自分の頭の中で考えること自体が価値。最近流行の「ファスト教養」とか「早送りで映画視聴」とは真逆のベクトルです。

『ストーリーとしての競争戦略』はビジネス書なのに（私の中では）文学っぽい。「わかりやすさ」「簡潔さ」が求められる世の中で、複雑なものを複雑なまま説明している。しかも随所で笑えて、論理の切れ味抜群。こういう論理こそ実は実務で一番役に立ちます。

当時、私はスーパーマーケットという「魔境」をどう取り扱ったらよいものやら、思案に暮れていました。その中で、『ストーリーとしての競争戦略』との出会いが、この「魔境」に光を当て、自分なりに「ローカルチェーンストアのあり方」を模索するきっかけとなりました。

この本には、自分が漠然と考えていた、業界の常識を疑い、自分のオリジナリティを発揮するための「秘技」が詰まっており、自分の考えに輪郭を与えてくれると同時に、見えていなかった部分にも補助線を引いてくれたわけです。

私は『ストーリーとしての競争戦略』から多くのインスピレーションを受けて、このロジックを自社に引き付けて考えた場合、どうなるのか？　いかにして他社と似ないようにするか。本質的な違いを作るか。何が自社のよさなのか。自分に向いているのか。じっくり考えました。デライト版の『ストーリーとしての競争戦略』を描いてみたいと思ったのです。

その中で、徐々に、しかし、くっきりと、浮かび上がってきたコンセプトが「リアル×ローカル×ヒューマン＝地域の活気が集まる場所」でした。

2

「どうしようもなくそう」なんだ

当時の経営理念への違和感

コンセプトの話に行く前に、まずデライトの経営理念の話をさせてください。

私が入社した当初、デライトには創業者である父が策定した経営理念がありました。しかし、これが「いいこと言ってんだけど、長い」「いいこと言ってんだけど、普通」なものだったのです。

私は父の作った経営理念では、デライトの面白さを表現できておらず、「もったいないな」と感じました。デライトは父が思っている以上に面白い会社であり、もっと、しっくりくる言葉があるのではないか？　と違和感を持ったのです。

父の時代の経営理念

人と人との出会いの中でお客様へのお役に立てる
この商いこそが私達の喜びである
より豊かな社会の実現ともっと豊かな人生のために
私達自身の成長とともに社会に貢献する

父の時代のストアコンセプト

私達は「地域のお客様の毎日の食生活をより豊かにする」
ための店づくりを目指します

そこで私は、「一般論ではなく、もっと独自の言葉にならないか?」「デライト／ククマート」の本質とは何なのか? じっくり考えてみたのです。

経営理念は自己認識

経営理念がなぜ大事かというと、それが全ての判断の「出どころ」、「個性の源泉」となるからです。経営理念は人間でいうところのポリシー(=自分の考え=どうしたいか)。ポリシーがない人って「何でもアリ」なわけで、何をするかわからない。信用できない。最終的には「儲かれば何でもアリ」ということになってしまう気がする。視点がどうしても短期的、部分的、外因的になる。

結果、周りや他人がやってることが気になって仕方がない。すぐ真似したくなってしまう。そうしないと不安で不安で仕方がない。全力で「正解」をリサーチして、全力で合わせに行く。

それがないと「判断がブレる」「判断ができない」。そういう意味で経営理念は「自己認識」だと思います。自社が、「何が好きで、何が嫌いか」。「何をやり、何をやりたくないか」。自己認識が深ければ自分が何をやりたいのかよくわかるわけで、自社の打ち手も自ずと見えてきます。

デライトには「楽しんでる人最強説」という言葉があって、何事も「己を知り、楽しんでる人にはかなわない」「楽しんでる人は無敵モードにある」と考えています。

自己認識がない限り何が楽しいかさえわからない。古代中国の兵法書「孫子」に「彼を知り己を知れば百戦殆《あやう》からず」という有名な言葉がありますが、私の場合は「彼を知る前に己を知らなければ戦いようがない」という感じ。彼を知る前に己を知れ。そうすれば楽しくなって「無敵」になる。

よって自己認識の起点たる経営理念は非常に大事。それがないと、ただぼんやり生きる、流されて生きる、みたいになってしまう。「みんなはそういうけど、俺はこう思うんだよね！」「こっちの方が好きなんだよね！」「こうじゃないと嫌なんだよね！」という「強烈な意志」「自己認識」が経営理念の本質だと思います。

そしてそれに賛同して「そうだ、そうだ！」と集まってくる人でやるのが強い会社。合わない人は自分のポリシーと近い会社を見つけて入ればいい。人間関係と同じ。あくまで自由意志、独立自尊。

そのためには、経営理念は経営者だけがわかっているのでなく、社員全員が知っていて、判断のよりどころにできないと意味がない。それが表明されていない以上、当事者にとって合う会社かどうかわからないからです。

そうすると、経営理念は、キャッチーで、一発で覚えられて、簡潔で、デライトならではのユニークさが表れているものであるべき。でもそういう経営理念を作るのって、結構な難易度です。

「楽しむ」の無限ループ

私はデライトの本質とは何なのか？　明らかに「ある」んだけど、まだ言葉になっていない「それ」について、半年ぐらいずっと考え続けました。そしてある日、何気なく社内を見回しているときに、突然、パッと見えたのです。

「ＤＥＬＩＧＨＴ《デライト》」

おいおい、既に書いてあるじゃないか！　と。

この社名こそ、父が一番初めに付けた名前であり、最も思い入れがある言葉なのではないか？　そして最もデライトの組織文化や価値観を体現した言葉なのではないか？　そうであれば、社名をそのまま経営理念にしてしまうのが最も筋が通るのではないか？　このアイデアを思いつき、父のところへ直行。「お父さんの一番思い入れのある言葉って、初めに付けたＤＥＬＩＧＨＴ（楽しむ、喜ぶ）という言葉なんじゃないの？」と聞くと、アッサリ「そうだ」と言う。まさに灯台下暗し。こうして「ＤＥＬＩＧＨＴ」という社名をそのまま経営理念とすることにしました。

あとは社員にもわかりやすくするために、ＤＥＬＩＧＨＴという英語の意味をどう解釈し、日本語で表現するか？　当初は辞書の通り、「人を喜ばせる、楽しませる」としていたのですが、どうも一般論の域を出ない。ちょっとパンチが足りないな……と思っていました。

そんな中、社員が中心となって毎年夏に実施している「家族バーベキュー会」が開催されました。「家族バーベキュー会」はデライトらしいイベントの一つで、元々は社内の有志が勝手に始めた企画です。スーパーマーケットならではの豪華食材をふんだんに用いて、地元の海水浴場で家族も巻き込んでのバーベキュー。毎年数百名が集まり、あまりの人数に２日間に分けて実施しているイベントです。

私は家族バーベキュー会のときは、浮き輪でプカプカ海に浮かんで、みんながワイワイ楽しんでいるのを見ています。その日も、ぼんやりと、遠巻きに眺めていると、実行委員たちが円陣を組んだ中から、「今日は『楽しむ、楽しませる！』で行くぞ！」という言葉が聞こえてきたのです。

「楽しむ、楽しませる⁉」

聞いた瞬間、「コレだッ！」と思いました。

「自分が楽しんでると周りも楽しくなる」→「周りを楽しませてると自分も楽しくなってくる」……この無限ループ。ここには人間の本性と普遍性がある。ニワトリとタマゴの話のように、どっちが先かわからないけれど、永遠の循環を描いているというのがいい！　これぞ、人と小売業を駆動させる核心にしてエンジン！　と思ったのです。

こうしてデライトの経営理念は社員の中から自然発生した言葉を拝借し、「DELIGHT！（楽しむ、楽しませる！）」に落ち着きました。こうして、本当にしっくりくる経営理念を据えると、その理念が発火点となって、驚くほど様々な「必然」が呼び起こされます。また、その理念に惹かれた「DELIGHTな人々」が集い、育ち、「DELIGHTな出来事」が起きるようになっていくのです。

「経営理念はあった方がよいもの」とか「とりあえず作るもの」ではなく、実は「既にそこにある」、「でも気づい

ていない」もの。それは人間でいう「気質や体質」みたいなものです。それに気づき言葉を与えることが「経営理念」の本質なのではないか。経営理念は、自分と自社にとって「どうしようもなくそうであるもの」を探すことが大事だと思います。

それは外から借りてくる言葉ではなく、自社の内側をよく見て、じっと耳を澄ましていると、ある日突然、目に入り、聞こえてくるようなもの。それが見つかるまでは大変ですが、見つかると強い。

この「ＤＥＬＩＧＨＴ！（楽しむ、楽しませる！）」という経営理念を中心に、何度も何度も自社について考え、練りあげていったのがホームページにも書いてある、ミッション・ビジョン・バリューなどの「経営理念体系」、様々な「デライト語録」、次にお話しするコンセプトになっています。

この、「経営理念と格闘しながら自分たちのオリジナリティ・ユニークさを追求し続けていく」というプロセス、「デライトとは何ぞや？」と絶えず自問自答してチューンナップを繰り返すという作業が、私は好きだし、経営の中で最も面白いことだと思っています。このプロセスはある意味、「創作」「文学」であり、経営者の「個性」「作家性」が最も出るところだと思います。そして、これからの経営においては、「合理性」や「頭のよさ」以上に、「個性」や「作家性」、つまりアーティストのように「どうしようもなくそうなんだ！」の方がより重要になるのではないか。そうでないと違いは作れないのではないか。これが私の予感していることです。

本当のところ、誰に何を売っているのか？

さて、楠木先生の『ストーリーとしての競争戦略』を読んで、一番キモだと思ったのは、「その会社独自のコンセプトがあるかどうかが大事」ということでした。コンセプトというのは本質的な顧客価値の定義であり、「本当のところ、誰に何を売っているのか」という問いに答えること。

つまり、スーパーマーケットは「ただ、売場を作って商品を売っている」わけではない。そうであるならば、究極はどこも同じになってしまい、競争優位はいずれなくなる。明確なコンセプトがない限り「単なる安売り競争」に陥ってしまう。実際、スーパーマーケット業界ではそういうことが往々にして起きています。

しかし、「本当のところ、誰に何を売っているのか」という問いは簡単なようで難しい。現場をよく見て、自分の頭で考え抜かないとわからない。だからみんな、既存の、似たような言葉（いいこと言ってんだけど「普通」なコンセプト）に飛びついてしまう。

クックマートは確かに普通のスーパーとは違う。その本質は何なのか？　なぜお客さんは他社ではなくクックマートに来てくれるのか。なぜ普通でない売上を上げられるのか。私は店に行くたびにお客さんや従業員の様子を観察し、考えました。


お客さんの様子を見ていると、店に入った瞬間、「わあ！」「すごい」と思わず感嘆の声を上げる姿を多数見ました。また、青果、鮮魚、精肉、デリカ、ベーカリー、グロッサリー、各売場で「すごっ」「あった」「安っ」など、「思わず漏れてしまう声」をたくさん聞きました。親子連れのたわいのない会話や、偶然会ったご近所さん同士（？）の「あら～久しぶり～まあ～」なんていうおしゃべりも聞こえてきます。人の多さに「にぎやかいね」「すごい人」「今日は祭りかのん？」なんていう声も聞こえてきます。

クックマートではお客さんだけでなく、働いている従業員も楽しそうです。これはお客さんや取引業者さん、採用に応募してきた方からもよく言っていただけます。顔見知りのお客さんと世間話をしたり、私を見つけると「社長、聞いてくださいよ！」と駆け寄ってきてくれたり、とにかく自然な会話が自然と発生している。マニュアル・マニュアルしていない。

そういう光景を見て、私は一言、「クックマートは活気がある」と思ったのです。この「活気」ということに非常に価値がある。活気とはシンプルに言うと「人が多い」「密度が高い」「自然」ということ。クックマートではお客さんの数も多いですが、従業員の数も負けず劣らず多い。人手と手間をかけて普通じゃない売場と商品を作り、たくさんのお客さんが集まり、大きな売上を上げている。そしてそれらの人々の間に「人間対人間」の自然なかかわりがある。

翻《ひるがえ》って、大手スーパーやディスカウンターの店を見ると、確かに同じような商品が並んでいるのだけれど、人はまばらで、店によっては殺伐とさえしている。なるべく人手をかけず、システマティックで、効率的な売場を目指しており、そこに「楽しさ」や「活気」はない。逆算した「利益の出る店」を目指し過ぎて店の魅力が落ちている。

これは、楠木先生とお話しする中で出てきた話ですが、効率・合理性をあまりに追求すると市場から活気はなくなる。市場ではなく市場になってしまう。市場《いちば》と市場《しじょう》は同じ漢字で書いても似て非なるもの。市場《いちば》には偶発的な出会いや驚き、楽しさがあるが、市場《しじょう》にはそれがない。まさに市場《いちば》であって市場《しじょう》ではないのがクックマート。同じスーパーマーケットでも全く違う。

そんなことから、私はクックマートが売っているものとは、実はこの「活気」なのではないか。「『地域の活気が集まる場所』を創れる」というのがクックマートの最大の強みであり、コンセプトであり、他社（大企業やＩＴ企業）と最も違うところなのではないか。さらに言うと、他社が作っているのが市場《しじょう》であるのに対し、クックマートが作っているのは市場《いちば》である、と思い至ったのです。それを更に要素分解していくと、いくつかのキーワードに行きつきました。それが「リアル×ローカル×ヒューマン」というコンセプトです。

REAL リアル〈圧倒的な魅力を持ったリアル店舗〉

人口が減少し、あらゆるものがネットで取引されるようになる一方、「本当に魅力あるリアル店舗」の希少価値はこれからむしろ高まっていくと考えています。実際に見て、触れて、感じることができる、安心感。人々がワイワイ集まり、エネルギーがあふれる「場」としての楽しさ。クックマートは

『デライトが大企業やIT企業よりうまくできること』

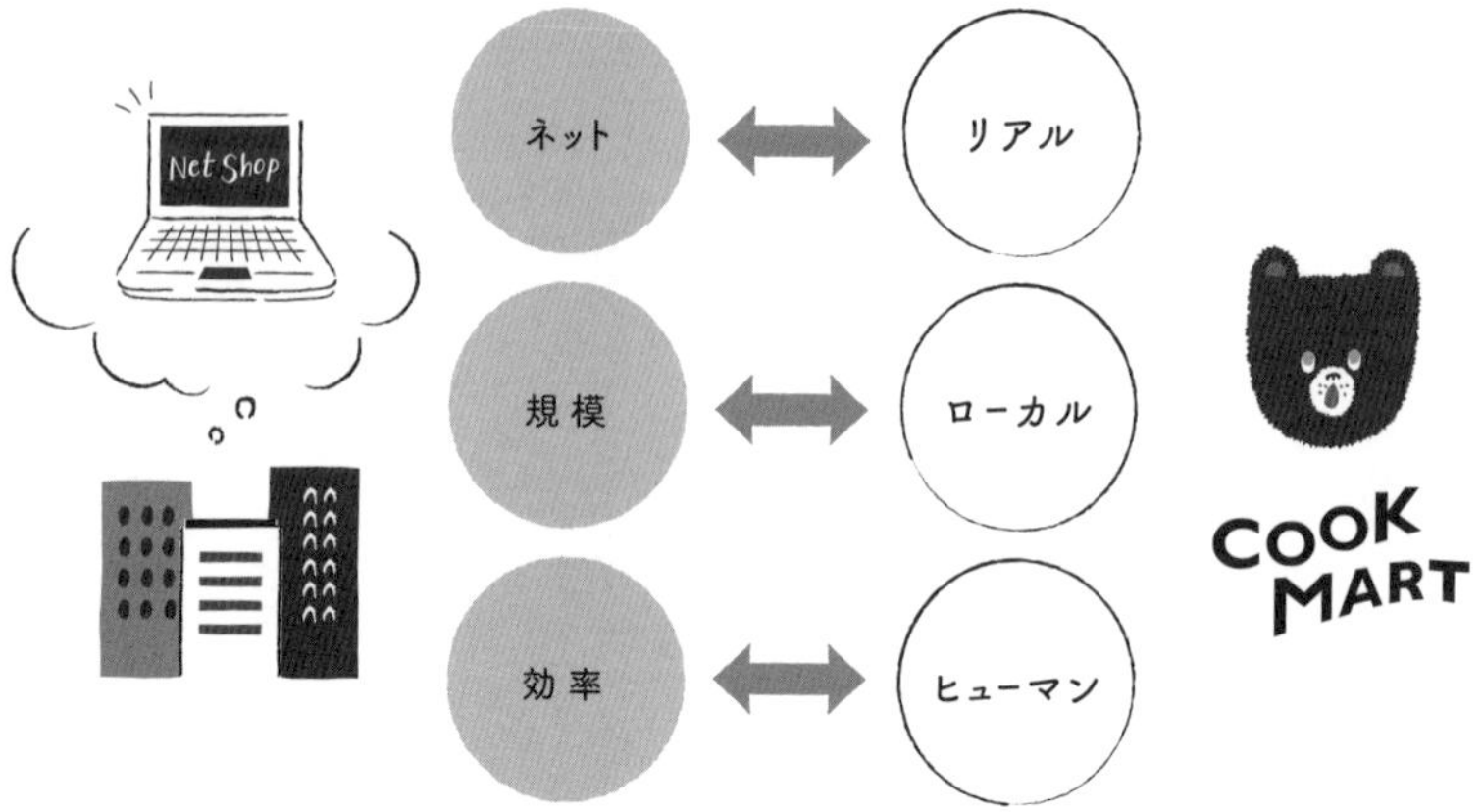

MISSION

クックマートのコンセプト

リアル×ローカル×ヒューマン
＝地域の活気が集まる場所

クックマートへ行くと、活気、勢い、熱量を感じる。
人は、エネルギーがある場所に吸い寄せられる。
クックマートは人も、物も、想いも、集まってくる、街のパワースポット。
全てがネット、規模、効率に飲み込まれていく時代、
リアル、ローカル、ヒューマンを追求する
クックマートの価値はむしろ高まっていく。

リアル店舗としての価値向上を徹底し、ＩＴ企業や大手企業ができない「圧倒的な魅力を持ったリアル店舗」を追求することで地域社会に貢献していきます。

ＬＯＣＡＬ　ローカル〈圧倒的な地元感を持った日常生活のためのお店〉

チェーンストアの巨大化・寡占化が進む中、クックマートはあえてローカル（地域密着）であることにこだわります。東三河・浜松の食文化、食材、生産者さんを大事にし、地元感あふれる日常使いのお店であること。そのために、急拡大を目指さず、地元の支持を得ながらゆっくり着実に成長すること。クックマートが目指すのは「圧倒的な地元感を持った日常生活のためのお店」。ローカルで圧倒的に輝くことが大きくなるよりカッコいいと考えています。

ＨＵＭＡＮ　ヒューマン〈圧倒的な人手と手間をかけたお店と商品〉

食品スーパーの規格化・効率化が進む中、クックマートではあえて他社の何倍もの人が関わり、無駄や非効率なことも行っています。なぜなら効率一辺倒ではやってる方も楽しくなく、そこから本当の活気が生まれることはないからです。これから社会のあらゆる面で機械化やＡＩ化が進むでしょうが、それでも人間の内面からあふれるモチベーションや創造力にしかできないことは残ります。想いあふれる地元の人間を採用し、仕事を通じていい人生を歩んでもらいたい。関わる人を幸せにしていきたい。そういう組織文化からしか生まれ得ない「圧倒的な人手と手間をかけたお店と商品」により、地域社会を盛り上げていきたいと考えています。

クックマートにしかできないこと

食品スーパーはある意味「非合理性」が魅力になる世界です。なぜなら、そこは「生鮮・ローカル」といった「ナマモノ」を扱う「魔境」だからです。そして、その「魔境」を扱うのは「魔境の住人」たる、愛すべきローカルの人々です。

合理性を追求する大手スーパーには「魔境」を扱いきれず、店舗の魅力に限界があると思います。また、ネットを主戦場とするＩＴ企業にも「リアルの場の魅力」は創れないし、扱えないし、売ることもできないでしょう。

「ネット×規模×効率＝安くて便利」に対する「リアル×ローカル×ヒューマン＝地域の活気が集まる場所」というコンセプト。これこそ、デライトが大企業やＩＴ企業よりうまくできることであり、やる意味があり、人間の本性に根差しており、そして、これからの時代、より希少価値が高まり、求められる（でも、他社ができない）ことではないか？

高度成長・人口増加という特殊な時代背景の中で、いつのまにかチェーンストアのあり方の方が流通小売業の「常識」とされ、商売の主流になってしまいましたが、実はクックマートのやっていることの方が元々の「商売の本質」であり、人間にとって自然なことなのではないか？　そんな不思議な「逆説」を感じるのです。

デライトのポジショニング戦略

このように、コンセプトが明確になるとジャッジも明確になります。「何をやり、何をやらないか」ということがハッキリしてきます。クックマートは特に「やらないこと」が明確な会社だと言われます。これは意識的にそうしたというよりも、理念やコンセプトに忠実でいたら、気づいたらそうでした。これを経営学の言葉で「ポジショニング戦略」と言うそうです。「やらないこと」の中でも特に、競合他社から見ると非合理だが、デライトの文脈では合理的なことを「クリティカルコア」と言うそうです。クックマートにはこの「クリティカルコア」がたくさん埋め込まれています。

❶価格訴求のチラシがない

多くのスーパーマーケットでは、毎週のように商品や価格がズラッと並んだチラシを入れて集客するのがセオリーです。ほとんどのスーパーが似たようなチラシを入れています。

なぜ、新聞を読む人が減り、チラシの効果が落ちたと言われる中でもチラシを入れ続けるのか？　不思議に思う方も多いでしょう。

実は、スーパーのチラシというのは、お客さんに向けての販促手段というだけでなく、従業員に向けての指示書・計画書の役割を担っています。「何を、どこで、いくらで売るか」、本部が入念に計画し、それを現場が実行する。その設計図が「チラシ」。一般的なスーパーでは、本部が「作」で現場が「演」という明確な役割分担になっているのです。しかし、このスーパー業界の「あたりまえ」の「分業」も、行き過ぎると落とし穴になると思います。

チラシに掲載された商品と価格は、本部が考えた「ＦＩＸ（固定）した世界」です。もし、現場でその商品は売れない、売りたくない、と思っても、チラシとして出してしまっている以上、従わなければなりません。本部の言うことが当たっていて、お客さんのニーズと合っていればいいのですが、状況は時々刻々と変化します。現場の方がリアルタイムの正しい情報を持っており、的確な判断ができることも多いわけです。しかし、指示書がある以上、それに従わなくてはならない。違和感を持ちつつも、売りたくないものを売らなくてはならない。ここに葛藤が生まれます。

また、自分で発注した商品であれば、売れなかった場合、「しまったな」と気づきや反省につながります。それが次の発注精度を高め、商売人として成長していくわけです。しかし、本部が全てを決めている場合、その学習機会が失われている。その場合、徹底して他責になる。「本部が悪いんだよ」「商品部がわかってないんだよ」。これは不幸なことです。

人間、不思議なもので、自分が「ホントにいい！」と思ったものは全力で売ることができる。自信を持ってお客さんにオススメすることができる。しかし、「売れ！」と強制されたもの、納得していないものは、全然売る気になれない。

「何を、どこで、いくらで売るか」を全て本部で決められてしまうと、現場でやれることは「維持管理」「オペレーション」だけ、ということになります。しかし、本当の商売人であれば、この状況に耐えられないはずです。なにせ、商売の楽しさである「仕入れ、値付け、商品化」の自由が全て奪われているわけです。それでは創意工夫のしようがない。

クックマートが一般的なスーパーのようにチラシを出していないのは、「販促コストがかからない」「ブランドが確立している」ということもありますが、それ以上に、現場が「気づき、考える組織」であることを阻害しないため、つまり、「魔境」を「魔境」として扱いたい、ということが大きいのです。

「正解は本部が知っている」→「言われたことを言われた通りにやれ」→「自分には決定権がない」→「気づき、考えなくなる」→「人の能力が退化する」→「余計に指示命令が強まる」→「面白くない」→「自分じゃなくてもいいのでは？」→「無力感」→「ビジネス的全体主義の完成」→エンドレス悪循環……

これは、ある種、「全員オペレーター」「スーパーマーケットの官僚化」への道です。これが大手になればなるほど強化される傾向がある。そうでないと巨大組織は統制できないということなのかもしれない。しかし、過度な分業・役割分担というのは、全体像を見えなくし、仕事の楽しさを奪い、知らず知らずのうちに「大事なこと」を蝕《むしば》んでいく。でも、それは目に見えないので気づかない。じわじわと組織を劣化させていく。

生鮮、ローカルといった「魔境」の持つ複雑性を、複雑なまま扱うには、チェーンストアの常識である、中央集権の組織形態、硬直化した指示命令系統では無理があるのではないか? 全てを計画し、予想通りに生産するのは「工業的な世界観」であり、そこからは「予想を超える」売場や商品は出てこないのではないか?

「魔境」を扱うには、計画だけではなく、偶発性を取り込み、臨機応変な現場での軌道修正が欠かせません。売れ行きに応じて作る量を調節したり、地域やお客さんのニーズに合った商品を作ったり、いかにして現場の力を最大化するか、現場が気づき、考えられるようにするかということが重要になります。そこがガチガチのチェーンストアの世界観とは相性が悪いのです。

チラシというのはある種の「麻薬」で、長年打ち続けた会社がピタッと止めると、急に売上が下がります。それは、「販促効果がなくなったからだ」と解釈されがちですが、実は、「指示命令がなくなって現場が混乱しているから」ということの方が大きいのではないでしょうか。

長年、チラシによる「指示命令」に慣れた組織が急に「自分で気づき、考えろ」と言われてもすぐにはできません。会社の仕組みが「チラシありき」になっているからです。チラシがなくても店が機能するためには、そのための仕組みや組織文化と「気づき、考える人々」が必要なわけです。しかし、それは一朝一夕に作れるものではありません。よって、チラシは止めたくても止められないのです。

❷ポイントカードがない

最近は多くのチェーンストアが独自のポイントカードを導入していますが、クックマートにはありません。私が一消費者として思うのは、「いろいろな店のポイントカードを持つのは煩《わずら》わしい」ということ。ポイントカードだけで財布がパンパンになってしまうのがイヤなのです（アプリであっても同様）。また、来店頻度が高い食品スーパーでいちいちポイントカードを出すことはお客さんにとって面倒ではないかと思うのです。

ポイントカードを発行すると、レジでお待たせする時間が増える上、システム費や対応する人員など、オペレーションコストが増加し、煩雑なうえ、一度始めるとなかなかやめにくい。そんなややこしいことをするよりも、シンプルに値段に反映させていけばいいのでは？店自体の魅力で来ていただければいいのでは？　その方がお客さんにとってもいいのでは？そんな囲い込みは会社都合では？　と考えています。

クックマートでは既存のクレジットカードや電子マネーも大体使えますので、ポイントを貯めたい方はそちらを使っていただけたらと思います。

❸ネットスーパーがない

近年、ネットスーパー事業に進出するスーパーも多いですが、クックマートではやっていません。思うのは、果たして、中途半端にネットスーパーをやって、世界的なＩＴ企業よりうまくできるのか？　むしろ、ＩＴ企業にできないことに集中すべきではないか？　逆に言うと、ネットスーパーというものは、リアル店舗の魅力に対して、ある種の限界があるだろうと思うのです。

だから、「餅は餅屋」。自分たちが得意なことに集中する。ネットスーパーをやったところで、そっちに気を取られて、リアル店舗の魅力を損なったら本末転倒。必要ならどこかと組めばいい。店が魅力的なら慌てなくても組みたいところが出てくるでしょう。全て自前にこだわる必要はない。

ネットスーパーを使いたい場合はアマゾンや楽天など大手EC企業のサービスをご利用ください。クックマートはネットスーパーにはない「地域の活気が集まる場所」をひたすら提供します。

❹クッキングサポート・レシピがない

最近では減った感じもしますが、一時は多くのスーパーが「クッキングサポート」という、調理の実演コーナーを強化していました。献立の参考になるメニューを、店舗で実際にライブで作って試食させてくれるというものです。これは、元々、「食生活提案型スーパー」という明確なコンセプトを持った、業界のトップランナー・ヤオコーさんがやられているのを見て、多くのスーパーが真似をしたのだと思います。

しかし、ヤオコーさんの文脈では必然性があり正解なことが、自社にとって正解とは限りません。なにかをやることは、なにかをやれなくなること。店が狭く、お客さんの数が多いクックマートではクッキングサポートをやるスペースも余裕もありません。よって、他のことを優先しています。

あとは、一消費者として、少なくとも、自分はクッキングサポートをきっかけに買い物をしたことがありません。店頭によく置いてあるレシピも、あれを持って帰って料理を作ったこともありません。一体、どれだけの人が見ているのか？　むしろ、ネットで料理レシピサイト「クックパッド」を見てもらった方がよくないか？

「漠然とやっていること」「自社の文脈と違うこと」はどんどんやめていく。「やらなくていいことをやらない」「自己満足になっていないか考える」。これらは生産性を上げるうえで非常に重要なことだと思います。

❺深夜営業しない

クックマートは全店9時半オープン、20時閉店です。都会の方からすると「閉店時間、早っ！」という感じかもしれませんが、クックマートの感覚では「ちょうどいい」のです。

ローカルなのでそもそも夜中に買い物に行く人は多くありません。これだけコンビニが乱立している時代なので、深夜の緊急の買い物はコンビニに行っていただければいい。

時々、スーパーでも24時間営業や深夜営業をしているところがありますが、個人的には決していいことだと思いません。なぜなら、食品スーパーの売っているものの過半数はナマモノである生鮮食品なので、鮮度が大事だからです。鮮度のためには、時間を決めて毎日売り切っていった方がいい。24時間営業というのはコンビニ的な考え方で、本来のスーパーとは相性がわるいと思っています。また、従業員のことを考えても、夜は早く帰宅してもらい、次の日に備えた方が健全だと思っています。

深夜・緊急のときはコンビニに行ってください。クックマートは日中、ピチピチの新鮮な素材を揃えてお迎えします。

❻マニアックな商品構成をしない

クックマートは食品スーパーを「毎日の食事の支度のためのお店」「あくまで日常使いのお店」と考えています。なので、ディスカウンターのように品ぞろえを絞り過ぎてもダメだし、高級スーパーのようにグルメに寄り過ぎてもダメ。日常生活の中での食品スーパーの役割を突き詰め、「ちょうどいい」品ぞろえをしていきます。奇抜や極端ではなく、あたりまえのレベルを上げていく。凡事徹底。永遠の磨き上げです。

限られた店舗スペースとリソースの中で、全てのリクエストにお応えすることは物理的に不可能。よって、何をやり、何をやらないかの取捨選択、優先順位が大事になります。自己満足にならないように、マニアックになりすぎないように、自社のコンセプトに忠実に、メインターゲットに概ねご満足いただけることを目指しています。

「ちょうどいい塩梅」は季節や時間帯によって常に変わっていくものなので、バランスを取るのは非常に難しいことです。だからこそ、現場で「気づき、考える」必要があります。

これは、ある種「中庸」を保ち続けるということだと考えています。中庸を保つのはいわば常に動くボールの上で「玉乗り」しているようなもので、止まっていると転んでしまいます。そのことに耐えきれず、ほとんどのスーパーはディスカウンターか高級路線のどちらかへ寄っていってしまう。かくも「中庸」を保つのは難しいのです。

私は「普通なのに、普通のレベルが高い」というのが、食品スーパーにおいては最もいい店舗だと考えています。しかし、それは地味なことなのであまり注目されません。でも、毎日の食事の支度のために通っている人にはじわじわとわかってくる。それが別名「信頼」とか「評判」とか「ブランド」と呼ばれるようになる。「瞬間的にバズらせるのではなく、長期的にじっくりコトコト煮込む」。これがクックマートの大事にしているあり方です。

クックマートでは毎日の食事に必要なものをしっかり取り揃えていきます。時々使うマニアックなものはデパートや成城石井さんで買っていただけたらと思います。

❼タバコの販売をやめた

クックマートは全店ではないですが、順次、タバコの販売をやめています。タバコはどこで買っても商品・価格が同じなので、コンビニがこれだけ多いならコンビニで買っていただければいいのではないか？　また、タバコは保管場所に鍵をかける必要があるなど、管理・オペレーションが意外と面倒であり、店頭のスペースに限りがある中で、食品の販売を優先した方が食品スーパーとしての魅力は上がるのではないか？　と考えたからです。タバコはコンビニで買っていただけたらと思います。

❽大きな本部がない

クックマートは売上規模に対して、びっくりするほど本部の人数が少ないと驚かれます。現場に大きな権限があること、やらないことが明確であること、在宅勤務が進んでいること、アウトソースやクラウドサービス、外部とのコラボレーションなどを積極的に活用していることなど、様々な要因が絡み合ってそうなっています。会社は基本的に、なるべく身軽で、外部に開かれている方がいいと思っています。

❾社長が現場に口を出さない

スーパーマーケットは「社長＝営業本部長」ということも多く、現場がよくわかるだけに、つい細かく口を出してしまう社長も多いと思います。しかし、どこまで口出しするかというのは結構難しい問題だと思います。あまり言い過ぎても現場が考えなくなる上、モチベーションが下がってしまう。

私の場合、いろいろ言いたくても、幸か不幸か「業界の素人」で、現場経験が全くありません。正確に言うと、大学生の時に少しレジ打ちのアルバイトをしたことがありますが、これが、とんだ「ポンコツ野郎」でした。レジの操作が難しすぎてできない。みんなのスピードについていけない。「なぜ、こんな難しいことをみんなアッサリできるのか⁉」と驚愕しました。それ以来、「みんなの方が私より絶対うまくやってくれる」と、現場の人をリスペクトしています。

なので、現場にはほとんど口出しせず、「ん？」と思うことがあると、都度「素朴な疑問」としてみんなに質問します。現場の人たちもよく考えていて、いろいろ事情があるのです。その説明に納得できれば「なるほど！」となるし、納得できなければ、仕組みや人事など、「構造」で解決を目指します。

基本的に、社長は中長期や構造にコミット。「業界の素人」の方が「業界の常識」にとらわれず、素朴に物事を見られるところもあるので、むしろそれをいい方に持っていこう、と割り切っています。この世は適材適所だと思うので、自分の得意なことに集中する。その方が、みんなにとっても、自分にとっても、いいと思っています。

＊＊＊＊

これら、「デライトのポジショニング戦略」を見て、「いいな……うちもやろう」と、表面的・部分的に真似すると、「大変なことになる」というのがクリティカルコアです。「ある会社にはいいことが他の会社にとっては毒になる」ということはよくあります。安易に自社の文脈に合っていないことを採り入れると、うまく根付かないどころか、場合によっては、臓器移植の拒絶反応のように、害さえ及ぼしかねない。

例えば、「社内ＳＮＳ」。社内の組織文化や人間関係が温まっている会社が導入すると、その素晴らしさが見える化され、エンゲージメントが高まり、とてもよい効果があると思います。一方で、そもそも社内がギスギスしている場合。その場合はその「寒さ」「暗さ」がモロに見える化されてしまい、まったくもって逆効果です。改めてみんなで「イヤな会社だな……」と再確認するというブラックジョークのようなことになりかねません。そういう会社は、ＳＮＳ導入の前にやることがあるでしょう。

だから、「流行っているから」とか、「他社でやっているから」と言って「ただ導入すればいい」ということではない。戦略は自社に合っているかどうかが全てで、それは会社ごとにケースバイケースなのです。

大事なのは自社の文脈（ストーリー）との整合性。しかし、自社のコンセプトが明確でない限り、自社の文脈がわからない。よって、「とりあえず真似をする」「業界のベストプラクティスに乗っかる」という「短期最適」に飛びついてしまうわけです。

コンサルタントはなぜ一般論を言いがちなのか

スーパーマーケット業界に限らず、ビジネスの世界では「とりあえずやってみる」「まず実行してみることが大事！」といった「手数重視」「実行重視」の風潮があるように思います。しかし、私は「やる前からわかることは多い」「無駄な動きは少ない方がいい」「当てを付けてやれ」と考えています。そして、「やらなくていいことをやらない」ことは生産性に最も直結する、むしろ非常に大事なことだと思います。

「とりあえずやってみましょう」というのは筋の悪いコンサルタントが言うことです。コンサルタントはある意味、「やる事」自体が仕事になりますが、事業会社としては「効果的なこと」をやらないと意味がない。だから、なるべく「意味のないこと」はしたくありません。

自社にとって「意味があるか・ないか」が事前にわかるためには、やはり、自社のコンセプト、ストーリーが明確なことが必須です。逆に言うと、「やってみないとわからない」というのは自社のコンセプト、ストーリーが曖昧だということだと思います。自社のストーリーが明確なら、「やる前に勘が働く」「やる前に当てが付く」はずです。

コンサルタントが「とりあえずやりましょう」というのは、それ自体が仕事になるということもあるけれど、それ以上に、その会社独自の文脈（ストーリー）を理解していないから「勘が働かない」（もしくは、独自の文脈を持っている会社の方が圧倒的に少ないので「見たことがない」）というのが本当だと思います。だから、「一般論」「成功事例」「ベストプラクティス」を持ってきて（善意で）「とりあえずやりましょう」となる。しかし、それでは「いかにして『正解』に近づけるか」という経営になってしまい、面白くない。それは経営者の「作家性」「アーティスト性」「内発性」「必然性」の否定であり、つまらない。

部外者であるコンサルタントはその会社の戦略ストーリー（全体）を理解しないまま、往々にして一般論（部分最適）な案を持ってきてしまう。それに従ってやっていくとやらなくていいことが増え、悲惨なことになる。

経営の舵取りはあくまでこちら。コンサルタントに全体像を任せてはいけない。彼らのよさは部分を任せることで生きる。その辺の境界、身の程をわきまえているのがいいコンサルタントだと考えています。コンサルタントが経営者の代わりをしようとしてはいけないし、経営者がコンサルタントに経営を任せようとしてもいけない。「何を任せ、何を任せないか」。ここの線引きは非常に大事なところだと思います。

3

ユニークさの根源は個人史にあり

カルチャーショック

個人的な話になりますが、私は自分が会社勤めをしているとき、新卒で最初に入った東京の大企業に「びっくりするほど」馴染めなかった経験があります。

学生時代は、文学のような「一言で言えない」世界が好きで、「世界とは」「人間とは」「愛とは」という壮大な文章を読むことが好きだった私には、全てを数値化し、分析し短期的な成果を求め、「エビデンスは?」と迫ってくるIT企業・ビジネスの文化は、全くノリが合わない、カルチャーショック過ぎる場所だったのです。

「ノルマ」「計画」ばかり求められてウンザリ……忙しすぎて目が回る……「これやって意味ある……?」「なんか、本末転倒な気がするんですけど……」「そんなに急いでどこいくの……?」。心の奥底から湧き上がる疑問の数々。

しかし、それを口にすると、「まだまだ学生の感覚が抜けていない」「お前は『甘い』『若い』『青い』」「とりあえずやれ」「石の上にも三年」と、思考のスイッチを切るような圧力が働く。

「私の常識は社会人の非常識」。大切だと思っていたことが否定され、どうでもいいと思っていたことが重視される。

部署の目標とか、流行のビジネス用語とか、ド根性の深夜残業とか、スピード重視、ゴリゴリの体育会系的なノリに全くついていけない私は、早々に「クソ野郎」扱いとなりました。世間知らずの甘ちゃんと言われればそれまでですが、会社以前にビジネス社会に馴染めなかったと言ってもいいかもしれません。

入社した同期は次々と会社の流儀に順応し、〝立派な〟社会人になっていく。しかし、私はいつまでたっても慣れない。違和感が抜けない。「おかしいなー、おかしいなー」と思いながらあっという間に1年が経過。その間、自分の中の「大事なもの」が絶えず目減りしていく気がして、心が常に「緊急事態発生！」のアラームを鳴らし続けていました。

魂《たましい》の痙攣《けいれん》

仕方なく私は現実逃避に走りました。ビジネスとは真逆の、勝手知ったる文学世界に逃げ込むべく、当時読んでいたトーマス・マンの「魔の山(※)」の主人公、〝人生の厄介息子〟

ハンス・カストルプにあこがれて（？）葉巻にハマりました。

※　魔の山
20世紀ドイツ文学を代表する長編教養小説。ハンブルクの商家の息子であるハンス・カストルプは結核で療養しているいとこを見舞いに3週間の予定でスイス・ダボスの国際サナトリウム「ベルク・ホーフ」を訪ねる。しかし、滞在中、本人も結核と診断され、最終的には患者として7年間も滞在することとなる。世間と隔絶された「ベルク・ホーフ」には浮世離れした多種多様な人物が滞在しており、ハンスは精神遍歴を重ね次第に変化していく。物語の中で葉巻が重要なモチーフになっており、1、500ページの圧倒的なボリュームで普通は言葉にできないような種類のことを「綿密かつ徹底的に」表現している。

忙しすぎる日々、仕事が終わった深夜、一人、麻布のバーに行って、モクモクと景気よく繰り出される煙を見ている時だけが楽しい時間でした。

真っ暗なバー空間の中で、虚空に浮かんでは消えていく白い煙たちは、複雑な動きをし、ぐるぐると渦を巻き、見ていて全く飽きません。キラキラと輝くその姿はまるで「時」を可視化したようでした。

「嗚呼《ああ》、これこそ本当の『時間』だよな……」

「ビジネス社会の時間感覚っておかしくないか？」「手段と目的が転倒してないか？」「よくみんな学生からアッサリ社会人にシフトチェンジできるよな」「なんであんなに『忙しい』んだろう……？」「全く共感できん……」

当然、会社では浮きまくり。「仕事できないクソ野郎」として風当たりは強まるばかり。耳元で、「白井君、聞こえてますかー!?」と叫ばれるような修羅場もしょっちゅう経験しました。さすがの私も空気を読み、1年半で「魂《たましい》の痙攣《けいれん》」を理由に退職しました。

「こんなに社会がキビシーものだったとは……」。半ば呆然とする半面、私は自分が完全に間違っているとも思えませんでした。「俺も確かに未熟だが、現代ビジネス社会も狂ってないか？」「これじゃあまるで巨大システムの歯車そのものじゃないか」「これが社会人なら俺は社会人でなくていい！」「幸福ってなんぞや!?」とすら思ったのです。

心の逃避行

しかし、行く当てがありません。私がとりあえず向かったのは文学でなじみがあり、勝手に「魂のふるさと」と感じていたドイツでした。学生時代、エッカーマンの「ゲーテとの対話」を読み、「これぞ人間ぞ!」と、勝手に親近感を感じていた文豪・ゲーテの墓参りと、「魔の山」に出てくる、日本では入手できない幻の葉巻「マリア・マンツィーニ」を入手するためです。

ドイツではゲーテが生まれてから死ぬまでの足跡をたどり、ワイマールで墓参りをしました。それは、まさに「聖地巡礼」「命の洗濯」の旅。誰の指示命令でもない、完全に自由意志の旅で、心がみるみる元気になっていくのを感じました。また、トーマス・マンの故郷、リューベックの葉巻屋にて念願の「マリア・マンツィーニ」を入手。早速、ハンス・カストルプよろしく、アルスター湖のほとりに寝そべって、優雅に水面を滑っていく白鳥を眺めながら、野外で一つ洒落込もうと、ゆっくりと葉巻に着火。どんなにうまい葉巻かとワクワクしていたら全然うまくない。日本でいつも吸ってる「ボリバー」のほうが全然うまいじゃん!とガッカリしつつも、「魔の山」感は味わえたことに大満足でした。

葉巻と文学の旅は実に楽しく、私は会社を辞めたことを速攻で忘れ、苦しさより解放感の大きさの方が上回ってしまい、「嗚呼、自由っていいな……俺はまさしく人生の厄介息子……」と、葉巻と人生のほろ苦さをかみしめ、なかば恍惚《こうこつ》とさえしてしまったのでした。

身の程をわきまえた再就職

大企業での多忙な経験、そしてドロップアウト、ドイツへの逃避行は「自分にとって本当に大事なこと」を理解するいい機会となりました。

ドイツ旅行中に「自分はつくづく組織に向いていない」「そもそも上下関係が向いていない」「というか、トップかソロしかできないんじゃないか」と痛感した私は、一瞬「起業」することも頭をよぎりましたが、当時の自分にそれだけの才覚がないこともすぐ自覚しました。

そこで、次の就職先を「小さい会社」「自由そうな会社」「楽しそうな会社」の3条件に絞り込みました。その3つさえあれば、給料が安かろうが、休みが少なかろうが、世間の評価が低かろうが、やってやろうじゃないの、と思ったわけです。

そうしてたどり着いたのが、キャラクタービジネスなどを手掛ける小さなクリエイティブエージェンシー（従業員はバイト含む5名、場所はアパートの一室）でした。

面接に行くと、いきなりの社長面接。超ユルい感じの社長が出てきて、「この1年何シテました？」と聞かれたので、正直に「本を読んで旅をして葉巻ばかり吸っていました」と答えると、「オモチロイね、君、採用！」とアッサリ採用となりました。

入社したその日から、私は人が変わったようにモーレツに働きました。予想通り、ユルくて面白い会社だったのですが、なぜか次々に人が辞めていきます。気がつくと、入社数か月で私はナンバーツー的なポジションになっていました。

社長の軽すぎるノリとフットワークにより、ＩＴ～クリエイティブ～広告～出版～テレビ局～霞が関の官庁まで、キャラクタービジネスだけでなく、テレビＣＭ、映画制作、書籍出版、雑誌連載、ＤＶＤ発売、メディア運営、インタビュアー、観光プロモーション、クリエイターのエージェントなど、たった3年で、本当に幅広い仕事を経験することが出来ました。

前職の大企業にいるときは「とりあえずテレアポ３００回！」「飛び込みで○○クーポ

ン売ってこい！」みたいな「ド根性」の仕事が多く、全くノレなかったのですが、この小さな会社のユルい雰囲気、完全に任せるというか、「ほぼ放置」「白井クン、あとはヨロシク！」的なノリが自分には合っていました。

同じ人間なのに、大企業では「クソ野郎」で「やる気なし」、この会社では「レギュラー」で「頑張っちゃう」。同じ人でも置く場所・マインドセットによって全く能力・働きが変わる。面白いものだな、と思うと同時に、人間、「どこに行くか」「どう考えるか」「適材適所」が大事なのだと思いました。

サラリーマン時代の教訓

このように、大・小、極端な二つの会社を経て、私は「万人にとっての『いい会社』などない」「大企業がいいとも限らない」「あるのは自分に合う会社だけ」「あるべき場所に自分を置くのは自分の責任」「そのためには自己認識が重要」だと学びました。

また、あまりに細分化された仕事だと本質的な仕事はできないとも感じました。それだと、ただ回すことになりがちで、私としては面白くない。全権を持って、自由にやり方や全体像を模索する方が自分には向いている。そのためには、細かい数値目標以前に、会社組織として何を目指しているのか？　本質的な目的を確認したい。納得・共感できる、「普遍性のある理念やコンセプト」がないと自分は頑張れないタイプだと自覚したのです。

そして、自分が会社経営をするなら、「その会社がどういう会社で、何を目指しているのか、明確に示すことが大事」だと思いました。なぜなら、そうしないと社員が「その会社に合っているか」わからないからです。また、経営者自身も「何を目指してるんだっけ？」と途中で道に迷うからです。

同時に、社員も経営者も、個人として、「自分自身、何がしたいのか」「どういう人なのか」という本人の「自己認識」が弱いと、自分に合ったものも選べない、適切でユニークなジャッジもできない、と思ったのです。こうした経験がのちに、デライトの組織開発につながっていきました。

不幸の始まりはミスマッチ

私は、これらの経験を経て、諸々の不幸の始まりは「ミスマッチ」にあると思いました。自分のことをよくわからず、「柄にもないことをしてしまう」「置き場を間違えてしまう」ことこそ不幸の始まりであり、「一般論・世間に合わせてしまうこと」が本人にとっても、周りにとってもよくない。無理しても周りにご迷惑をおかけするだけ、と痛感したのです。

また、そもそも、性に合わないことを「我慢してやる必要もない」。そんなことをしても誰も幸せにならない。人はそれぞれ向き・不向き、気質・体質があるわけだから、それに合ったことをやればいい。その中でベストを尽くせることが「己を活かす」「よく生きる」ということではないかと思ったのです。

例えば、全くマネージャー向きではない（対人関係に向いていない）のに、とりあえず昇進したいという人。それは本人にとって、（そして、周りにとって）本当にいいことなのか？もちろん、仕事における適度な負荷・チャレンジというのは重要で、それがあって初めて人は成長します。ただ、その前提として、「向き・不向き」は確実にある。向いたことの中でも当然いろいろな苦労はあるわけだから、その中で頑張った方が報われる努力ではないか？　向いてないことをやっても、ただの徒労ではないか？

唯一、「向いてない」ことをやることにメリットがあるとすれば「『向いてない』と気づけること」。例えば、私も散々「向いていないこと」をしてきました。ゴルフ、飲み会、団体行動、クラブ（踊る方）、楽器演奏、語学習得、資格試験、同窓会幹事ｅｔｃ……

若い頃は経験が乏しく、自己認識が弱いので、「いろいろやってみる」というのは大事だと思います。しかしある程度の年になったらだんだん自分というものがわかってくる。そうしたら「なんでもかんでもやる」というのはどうかと思うのです（もちろん、それが好きな人はいいのですが）。

逆に、「他の人にとってはあまり気が進まないことだけど、自分にとっては面白くて仕方がないこと」というのもあります。私の場合、学生時代の読書がそうでした。初めは新刊書を片っ端から読んでいくような読み方をしていたのですが、途中で、同時代の情報をかき集めても、次から次へと出てきてキリがない。同じようなものを読み、同じような勉強をしても、「みんなで全力で似ていく」ような気がしてきました。それよりも、「遠い時代・遠いエリアの話なのに、現代人の自分と共通項があること」が面白く、徐々に「既に死んだ人」が書いた「古典名著」に興味を持つようになりました。

ある種、時代やエリアを超えても変わらない、世界と人間の本質を知りたいという欲求。同世代の友人からは「そんなの役に立つの？」と言われつつも、私には「最も役に立たないことこそが、周り回って最も役に立つ」という直観がありました。

なにより、流れが速く、何が確かかわからない、情報過多の現代の中で、数千年・数百年を生き延びた古典は「どうしようもなく頼れる」し、「どうしようもなくオモチロイ」と思ったのです。

なので、就職活動に役立ちそうな資格取得や業界研究には目もくれず、興味の赴くまま、ひたすら気になった古い本を読むという、まったくもって時代錯誤な学生生活をしておりました。

そういう古典の中には学生時代に読んでもどうしようもなく古臭く思えたのに、諸々の経験を経て40を超えて改めて読むと、ヒジョーにクリエイティブに思える本というのがあります。その代表が私の場合「論語」です。「論語」に出てくるこの有名な一節。

子曰く、吾十有五にして学に志す。三十にして立つ。
四十にして惑わず。五十にして天命を知る。
六十にして耳従う。七十にして心の欲する所に従いて、矩《のり》を踰《こ》えず。

「四十にして惑わず」は、個人的には「人間、40ぐらいになったら自分の好き嫌いや向き不向きがハッキリわかってくるので自分に合った方向に思いっきり振り切りましょう」ということだと理解しています。人生の前半は自分というものがよくわからないのでいろいろやってみるといい。でも、後半もそれやってるとしんどくなる。だから人生前半で得た自己認識を持って、後半は思いっきり自分らしく生きる。逆に言うと、「40にもなってそれがわからないようだともう駄目だね」、というニュアンスも論語には出てきます。

論語は「人間洞察」についての至言の宝庫で、人間関係は結局、「論語」でいいんじゃない!?　と思えるほどです。適材適所の人事配置や、人との距離感、人を見るポイント、極端に寄り過ぎない「中庸」という考え方など、リアリズムに溢れる言葉に満ちている。現在のビジネスシーンと言えど結局は人間集団の話なわけですから、数千年を生き延びた古典というのはむしろ普遍的で「めちゃくちゃ役に立つ」と思っています。

あと、ついでに個人的「己を知れ系」古典シリーズでいくと、古代ローマの哲学者・セネカの「人生の短さについて」も、40からは「好きにやろう」と再確認させられた本です。

――いったい、どうしてこんなことになってしまうのだろう。それは、あなたたちが、まるで永遠に生きられるかのように生きているからだ。あなたたちが、自分のもろさにいつまでも気づかないからだ。……あなたたちが、まるで豊かにあふれる泉から湧いてくるかのように、時間を無駄使いしているからだ。たぶん、そんなことをしているうちに、あなたたちの最後の日となる、まさにその日がやってくるのだろう――

（セネカ「人生の短さについて」）

限られた人生のなかで「何をやり、何をやらないか」。重要なことなのに意外と真剣に考えている人は少ないように思います。やらなくていいこと・どうでもいいことばかりに時間を使い、本当に自分がやりたいこと・やるべきことをやらない。気づいたら年老いて「人生短かった」と言う。

これは企業経営でも全く同じだと思います。企業経営にも時間軸があり、自分が経営者としてバリバリに、気力・体力が充実して第一線で活躍できる期間は意外と短い。であれば、その限られた時間と気力・体力を使って何をやるか? 「昔のサムライ」や「メメントモリ（死を思え）」ではないですが、やはり人生やキャリアは「有限である」「自分はどういう人か」という認識があって初めて、切実に、「何をやり、何をやらないか」という優先順位を真剣に考えるようになると思います。

4

素手でつかみかかるような経営

長期利益にフルスイング

デライトに入社した私は、「社長の息子」という立場をフル活用して、思いっきり悠長に、「長期利益」を志向することにしました。サラリーマンとして短期利益を追うことに疲れていた私は、もっと本質的で根本的なことにコミットしたいと思ったからです。

勤めていると、どうしても「部分」を担当することになり「短期的な結果」を求められるので、なかなか「長期利益」を志向することは難しいかもしれません。一方、これがファミリービジネスのいいところ。「とりあえずやらせてみよう」「長い目で見てみよう」「お前に任せた」という感じで、父から私に全権が託されました。

これはうちの父の凄いところですが、一旦任せるとホントに何も言わない。ビックリするぐらい放置。私が会社に入って言われたのは「ゴルフやれ」と「早く結婚しろ」ぐらい。仕事の細かいことについて言われたことはほとんどありません（ちなみに、遅ればせながら結婚はしましたが、ゴルフはあんまり好きでなく、数回行ってやめました）。

全権が託されると、本格的な改革ができます。私の性格の厚かましさと、父の大らかな性格が「奇跡のコラボレーション」となり、大胆な社内改革が可能となりました。

私は「経営の素人」であり、「業界の素人」でしたが、なんとなく初めから「こうするといいんじゃないかな」という感覚はありました。デライトという会社を外側からぼんやり眺めているうちに、いくつかの素朴な疑問や違和感、「なんでこうなってんの?」「ここは直した方が（どう考えても）いいんじゃない?」ということが、自分の経験・常識からして多数見えていたからです。そういう課題を優先順位の高いところから順番に手当てしていくだけでも、やる事は山ほどある。伸びしろだらけ。「それをやっていけば、どうしようもなく、よくなるっしょ!」という、妙に楽観的な自信がありました。逆に言うと、「これだけやってダメなら、誰がやってもダメっしょ!」ぐらいに思っていました。

素人の開き直り

経営には公式ライセンスがあるわけでもなく、スキル・知識がたくさんあればうまくできるわけでもありません。また、世の中にすごい経営者はたくさんいますが、そういう人がうちに来てくれるわけでもありません。だから、私は、自分の能力の範囲内で、自分に合った経営をするしかない。それでダメならダメでしょう、と初めから開き直っていました。

私は経営というものをあんまり難しく考えてもキリがないと思っています。別に世界一を目指すわけでもないし、正解があるわけでもない。自分の気質・体質・能力・状況に合った、自分なりの経営をするしかない。何かを参照するというよりも、「よく見て、気づいて、考える」。いわば、「素手でつかみかかるような経営」しかないな、と思ったのです。

私の特徴は、細かい部分について現場であまりゴニョゴニョ言わないところ。ミクロなところをいくらいじくりまわしたところで、マクロで間違っていたら何にもならないと思うからです。また、いくらその場で細かいことを言っても、まさに「その場しのぎ」になってしまい、根本解決にならないからです。同時に、あんまり細かいところは担当者の領域であり、そこを私がゴニョゴニョ言ったら担当者のモチベーションが下がるし、考えなくなるし、やることを奪ってしまう（ただし、クリエイティブ関係とかは元々本職だけに結構口を出す）。

その代わり、ザクッと大きな部分（構造）でおかしなところがないか見て、そこに違和感があったら、躊躇《ちゅうちょ》なく突っ込んでいって仕組みとして解決を目指す。例えば、幹部の人事配置で、いろいろやってみても芽が出ない、うまくいかないという場合。そういうときは放置せずに、本人と話して配置転換、もしくは降格人事を速やかにする。その方が本人にとっても周りにとってもよいと考える。評価とフィードバックをなぁなぁにしない（このあたりの人事制度の考え方は第五章で詳述します）。絆創膏を貼ってよしとしない。めんどうだけど、「それをやらなかった場合、あとで余計にめんどうなことになる」と思うから、先回りしてでも手術をします。

もちろん、そうすると小さなトラブルは起きるわけで、「よくやるねぇ」と言われますが、手術を避けるというのは、「血が出るのが嫌」「痛いのが嫌」と言ってるようなもので、私からすると、深刻な病気や怪我を放置するのと同じだと思ってしまうわけです。悪いことが起こるまで待つのではなく、早めに構造改革。

私は「業界の素人」「経営の素人」だけに、スキルやテクニックどころか常識も持ち合わせておらず、なまじ、構造だけがザクッと目に入るので、本当に大事だと思うことだけやっていく。それだけでもかなりやることがある。やらなくていいことはやらない。というか、やっている暇がない。限られたリソースの中で何をやるか。優先順位を付ける中で自然とそういうスタイルになっていきました。

摩擦のない改革はない

改革をしていくと、当然、今までと違うことが起きるわけですから多少の摩擦は起きます。ただ、摩擦のない改革はない。大事なのは、「なぜそれをやるのか」「従業員にとってどういうメリットがあるのか」「やらない場合どうマズイのか」、その全体像と文脈をきちんと示し、正々堂々と改革することだと思います。説明をめんどうくさがって、こっそりとやろうとするから不信感が生まれる。正々堂々とその意義を説明し、理解者を増やしていく。みんなにとってもいいことをやるわけだから、「なるほど、確かに」とわかってもらう。

一方で、どんなに説明しても、その意義を理解できない人・合わない人、「頭ではわかっても体が付いてこない人」も、もちろん出てきます。そういう人は、厳しいようですが、辞めてもらっても構わない。「万人にとってのいい会社」というのはないわけで、「うちがどういう会社なのか」「何を目指していくのか」を明確にし、それに賛同し、納得している人が自由意志でデライトで働いているということが健全だし、大事だと思っています。

これこそ真に社員をリスペクトした態度であり、変に甘やかさない、大人として扱う、「独立自尊」「自主尊重」ということだと思います。経営というのは現実を扱う仕事ですから、「全方位に100%の会社などない」「あったらそこは天国でしょ」というリアリズムに基づいて物事を設計し、社員に説明することが大事だと思っています。

日本では「会社を辞める」ということはわりとネガティブに受け止められがちですが、私は割とサッパリと「合わなければ辞めればいい。そして自分に合うと思う会社を探せばいい」と思っています。私自身がそうでしたから。ただ、それが本当に「合わない」のか、「自分に問題がある」のか、そこは見極めが大事だと思います。「自分に問題がある」場合、どこへ行っても「合わない」「うまくいかない」ということになるからです。

一方で、会社としては「みんなが引き続き働きたくなるような会社」「納得感を持てる会社」「他社よりいいと思う会社」を作る必要がある。そうでないとみんな辞めてしまいますから。

ウェット過ぎない関係

私は会社をある種、スポーツのチームのようにとらえているところがあります。例えば、サッカーチームだと、監督ごとに明確なチームコンセプトがあり、それにフィットする選手を獲得し、レギュラーに据える。どんなに能力が高かろうが、個人技に優れようが、人気のあるスター選手だろうが、チームのコンセプトを理解せず、独りよがりなプレーをする選手は最終的にはチームにフィットしない。そういう場合は、ズルズルとそのチームに残留して文句を言っているよりも、さっさと別チームに移籍する方が、本人にとってもチームにとってもいいと思うわけです（あのクリスティアーノ・ロナウドでさえそうなのだから！）。

変にお互いに期待しすぎる「甘え」があるからよくないんじゃないか？　会社やチームは原則、「自主参加」で「勝手連」。合う人、好きな人、ノッてる人が勝手に集まってどんどん楽しく工夫する。これが理想のチームであり会社。「ＹＯＵ、好きなところに行きなよ。私は私の理想とするチームを追求して、できればあなたにもいてほしいけど、それが合わない・理解できないなら、他のチームに移籍するか、自分でチームを立ち上げるのもいいんじゃない？」という突き放したスタンス。

だから、「他社に行きたい」とか「自分でお店をやりたい」と言う場合は、基本的に「どうぞ」。ただ、「デライトよりいい会社はそうはないし、自分でやるのも大変だよ。それがよくわかった上でなら、がんばれ！」と伝えます。

社内アンケート

「みんなが引き続き働きたくなるような会社」「納得感を持てる会社」「他社よりいいと思う会社」を作るためには、働く従業員が「どういうことが嫌で、何に困っているか」ということを知って、それを順番につぶしていく、という地道な作業が大事になります。社員にとって「本当に助けになること」を理解し、実行する必要があるのです。

そのために毎年実施している施策が「社内アンケート」です。これは、全社員に記述式で会社への意見を書いてもらうという「ド直球」な制度です。

この制度の目的は2つあります。1つは会社についてのみんなの理想を聞き出し、デライトをよりよい会社にしていくためのヒントを得ること。もう1つは社員一人ひとりのキャリアや働き方についての考えを把握し、なるべく本人の希望とギャップがないキャリア形成ができるようにすること。つまり、①会社の根本的な課題の洗い出しと改善、②社員が適材適所になっているかの確認と再配置、この2点が目的になっているわけです。こうしたアンケートを毎年行い、日々の施策や経営方針、人事配置に活かしています。

私としては、会社というのは経営陣が引っ張るものではあるけれど、経営陣にしか変えられないものだとは思っていない。「会社はみんなでよくしていける、創っていけるもの」。だから、そこで働く社員の積極的な「参加」「意見」が大事になってくる。政治で言うところの「参政権」の行使。実際に参加し、意見した結果、ホントに会社が変わる・よくなっていくという「成功体験」を味わうと、余計に積極的に関わる人が増えていきます。そういう、「自ら会社をよくしていく・いける」という「参加意識」「リーダーシップ」を持った人が多いからデライトは強いし、明るいし、いい雰囲気なのではないかと思います。

ただ、当然ですが、社内アンケートにはいいことばかりではなく、ネガティブなことも書かれます（もちろん、それもとても参考になるのでありがたいのですが）ので、経営者によってはイヤかもしれない。きちんと社員と向き合って経営をしていないと、不満ばかりが出てきたり、そもそも心を開かず、本音を書いてくれないかもしれない。また、一旦聞き出すと、毎年聞く覚悟が必要だし、聞くだけで何も課題に対処しないと、逆に信頼を失ってしまう。「社内アンケート」はシンプルだけど、経営者の本気が試される「諸刃《もろは》の剣」でもあるわけです。

何を聞き、何を聞かないか

クックマートでは、社長が直接読むアンケートにもかかわらず、みんな、「書くよね〜」という感じでいっぱい意見を書いてくれます。時には「おいおい、モノの言い方に気をつけろよな！」と思うこともありますが、ほとんどはナイスで建設的な意見です。こちらを信頼しているからこそ書いてくれるわけで、本当にありがたいことです。社員が３００名近くいますので全部読むのは結構大変なのですが、これが非常に経営の参考になります。まさに「伸びしろ」の宝庫。ミクロな意見からマクロな意見まで、「なるほど」と思う意見から「しょーもない」と思う意見まで、いろいろ出てきます。アンケートを読むときはこの「なるほど」と「しょーもない」をきちんと仕分けすることが大事です。

「なるほど」な意見とは、自分のことを棚に上げず、諸々わきまえた上で、「自分のためにもなるけれどみんなのためにもなる」、建設的な意見のことです。こういうのはすぐに採用して実施します。経営陣は気づいていなかったけれど、現場としては切実な問題で、ハッとさせられることもあります。また、「そんなことで悩んでいたのか！」と、ちょっと助けるだけでアッサリ解決するようなこともあります。こういう「なるほど」な意見を書く人は、周りが見えており、客観性もあるので、そもそも「モノの言い方」もまともなことが多いです。

一方で、「しょーもない」意見というのは、本人の問題なのを他人や会社のせいにしている意見のことです。「自分が受け取っていることについては無自覚で、与えていることにばかり自覚的」。基本的に、自分のことは棚に上げて、人のせいにしている人は、どういう状況になろうとも他責で不満を持ちます。そういう人は「悪気」があるわけではなく、単純に「視野が狭い」わけで、むしろ「正義感」で言っていることが多い。こういう人を私は、「天国に行っても文句を言ってるタイプ」と呼んでいます。

そういうのは、本人の問題なので、華麗にスルー。もしくは、後述する「哲学カフェ」のような機会に「別の角度からのモノの見方」を提示して「どう思う?」と聞いてみる。違った視点からモノを見たり考えたりしたことがない人は意外に多く、そういう視点を提示するだけで意外なほど「あれっ!?」「思ってもみなかった!」とアッサリ解決することも多いです。

要するに、本人からのモノの見方(カメラで言うと「1カメ」)だけでしか見ていないところを、映画やドラマのように、別のカメラからの視点、例えば、相手からの視点、上空からの視点、ド・アップの視点など、カメラを切り替えるように「別角度」を見せるわけです。「で、どう思う？」と本人に尋ねる。元々、「悪気」はない人たちなので、違うアングルからのモノの見方を見て、納得感があれば「なるほど」と、すんなり解決することも多いわけです。

それでもわからなければ本人の問題なので仕方ないと考えます。わかるときが来ればわかるかもしれないし、永遠にわからないかもしれない。そもそも、根本的な考え方が違うのかもしれない。その場合は、果たしてこの会社にいることが本人にとってもいいことなのか？諸々自分で考えて判断してもらえばいい。会社としては役職等級に相応しい働きができていて、本人が機嫌よく働けているならそれでＯＫ。ズレている場合は「評価制度」できちっとフィードバックします。そのために「評価制度」がある。

本人の問題と会社の問題をきちんと区別して変に甘やかしすぎない。ある種、子育てに似ている。やたらと「寄り添えばいい」と思ってる人がいますが、度が過ぎると「甘やかし」になる。私は、その区別は大事なことだと思っています。それがデライトの考える「独立自尊」「自主尊重」です。

パンドラの箱

この「社内アンケート」をやると言ったときは、幹部から「パンドラの箱を開けるようなものだ」「いろんな意見が出過ぎて大変じゃないか?」という声もありました。ただ、私は「いろんな意見が出るのは当然であり、それをきちんと仕分けできれば問題ない」と考えました。

「なるほど」な意見と「しょーもない」意見を混同せず、きちんと区別できれば問題ない。それよりも、「みんなが何を考えているのかわからない」方がよっぽど問題だと思ったわけです。

余談ですが、これはお客様からのご意見や、最近ではネット上の声なども同様で、「外野の声」を全部聞いていくといいお店ができるかというと、そういうことではない。本当にいろんな方がいて、嗜好や視点がみんな違う。限られたスペースやリソースの中で、お客様からのリクエストに全て答えていくと、「いびつなポートフォリオ」「マニアックな店」になってしまう。なので、ここでも「万人にとってのいいお店はない」「誰にとっても100%のお店というのはない」という現実主義・リアリストな割り切りが重要だと思っています。

また、どんなにいいことをしていても悪く言う人・悪くとらえる人というのは出てくる。それが人の世の常。シェークスピアの言葉にこういうものがあるそうです。


――あなたがたとえ氷のように潔癖で雪のように潔白であろうとも、世の悪口はまぬがれまい。（シェークスピア）

だから、あまり気にしても仕方がない。その上で、こういうときこそ「自分たちはどういうお店を目指しているのか」に立ち返る。コンセプトに忠実に、ブレないことが大事だと思います。それがないと、いちいち外部の声に反応してブレブレになってしまい、本来の自社のよささえ失ってしまいかねません。

「何を聞き、何を聞かないか」「何にこだわり、何にこだわらないか」。そこに個性が表れる。それは、会社でも個人でも同じことだと思います。全員に好かれることはできないけれど、筋のいい人からは「なるほどねぇ」と、理解・納得してもらえる。メインターゲットから概ねご満足いただける。それが大事だと思っています。わからない人はいくら言ってもわからないわけです。この辺のリアリズムについて、私は漫画家の水木しげるさんから多くを学びました。水木しげるさんにはマイペースで笑える名言が多くて大好きです。

――わからない人には何を言ってもわからないから、腹八分で対応すればいいわけです。

――私は自分のことにしか関心がなかったから、他人を誹謗中傷するようなことはしませんでした。だいたい、ケンカは腹がへるだけです。（水木しげる）

飛び道具はない

社内アンケートを数年間やって、多数の人が共通して言っている「なるほど」な意見に対応していくと、どんどん会社がよくなっていきます（悪いことをつぶしていくので当然なのですが）。「現場にとっての理不尽」が少しずつなくなっていき、確実に納得感が高まっていきます（もちろん、１００％にはなりませんが）。それにより、「会社は本気だ」ということが伝わり、信頼とモチベーション、結果として生産性が上がっていきます。

ギャップを埋めるプロセスを見せ、説明して着実に実行していく。私が心がけているのはそれだけのことで、飛び道具はない。しかし、この地味なことこそ最も「効く」と思っています。それができるか・できないか。やりたいか・やりたくないか。

このように、「あたりまえのことをきちんとやる」「それが積もり積もって大きな違いとなる」というのがデライトの社風。別の言葉で言うと「凡事徹底」「急がば回れ」。

これを、楠木先生風に言うと「大事なのは持続的な長期利益。利益が持続的に生み出されていれば、他の大切なことはだいたいなんとかなる、もしくは利益を追求する過程ですでになんとかなっている」。逆に短期利益ばかりを志向すると長期利益は付いてこない。利益の先食いになってしまう。マクロとミクロの遠近感。あまりに短期利益追求の人のことは個人的に「ミクロマン」と呼んで、敬遠しています。

5

組織戦略至上主義

コストとクオリティの両立

さて、商売というのは、「安い」のか、「質がいい」のか、「珍しい」のか、もしくはその合わせ技なのか、とにかく他社との「違い」を生み出さないことには成り立ちません。どの戦法でいくのか？ ハッキリさせる必要があります。ここがボンヤリしていると、「中途半端なお店」になってしまいます。

スーパーマーケットというのは、「日常ど真ん中の商売」だけに、競争が激しい。当然ながら、価格が安くないと商売の土俵にすら上がれません。一方で、価格が安いだけでもダメで、売場や商品などのクオリティがよくないと、お客様から選ばれることはありません。ある種、「安いのに魅力がある」というアンビバレントな状況を克服する必要がある、結構キビシー商売なわけです。

会社によっては、思いっきりコストに振り切り、徹底した経費削減、「とにかく安い！」で行く企業も当然あります。それはそれでいいのですが、その場合、「安売り」は最も手っ取り早い打ち手なので、たちまち「価格競争」に巻き込まれて違いがなくなる。結果、究極的にはどうしても「安かろう、悪かろう」になりがちです。また、お客さんはいいとしても、それをやっていて「従業員が楽しいか?」「プライドを持てるか?」というのはいつも思うことです。

逆に、思いっきりニッチ路線・高級路線に舵を切る会社もあります。それはそれで、都会だとか一部の愛好家にはいいかもしれませんが、私の中では食品スーパーというのは「毎日の食事の支度のためのお店」で「日常ど真ん中」の商売だと思っているので、あまりマニアックだと「果たしてそれはスーパーなのか?」「デパートやネットでいいんじゃない?」ということになり、それもちょっと違う。

クックマートとしては価格が安い上で、圧倒的なクオリティ(売場・商品がいい、場としての魅力がある)という「日常ど真ん中」の商売をしたい。まさに、「リアル×ローカル×ヒューマン=地域の活気が集まる場所」というコンセプト。そうすればお客さんはポイントカードで囲い込む必要もなく、チラシなどを見て他社と比較する必要もなく、安心してクックマートに来てくれるはずです。

違いの源泉は「腹の底からの納得」

その「究極のバランス」、「お値打ちなのに魅力がある」という相反する価値を実現するためには、どうしたらよいのか?

平凡な答えで誠に恐縮ですが、私は、最終的には「働いている人のモチベーション」が決定打になると思っています。それも無理矢理上げるようなモチベーションではなく、「腹の底からの納得」。「そうでしかないよな」という自己認識。自分を過大評価も過小評価もせず、等身大で考えて、「ここだよな」と思える。それが重要だと思っています。

スーパーマーケットというのは関わる人が多く、また、「生鮮・ローカル」というナマモノを扱う「魔境」なだけに、一人ひとりのモチベーションは「掛け算」のように積み重なって売場・商品に反映されていきます。

「モチベーション」についてはいろんな考え方がありますが、私は基本、「外からは上げられないもの」だと思っています。無理矢理モチベーションを上げるとか、誘導するとか、説得するとか、強要するとか、コントロールするということはできないし、したくない。やっても長続きしない。あくまでモチベーションは「本人の問題」というのが私の認識。会社ができるのは、せめて環境を整えてあげるところまで。ここでも「独立自尊」。社員を一人の大人として扱う。甘やかしすぎない。

個人的には、どうせやるなら、仕事は「嫌々やるより、意欲的にやった方がいいっしょ!?」「ずーっと『ダルい』と言ってること自体がダルくない?」と思っています。たまに、「延々と愚痴を言いつつ、状況を変えない」タイプの人がいますが、「そんなに嫌ならさっさと場所を変えればいいのに」「場所を変えたくない・変えられないのなら自分が変わればいいのに」と思います。そのどちらも嫌で、「他人を変えようとする」「でも自分は何も変えたくない」というのは、単純にその人が「未熟」で「子ども」なだけだと思います。人生は有限なので切り替えは早い方がいい。

大事なのは自分の「身の程(能力・嗜好の方向性)」を知り、「置くべき場所」に自分を置いてあげられること。向いてないと思ったら、会社を変えるか、役割を変えるか、自分を変えるかすればいい。その方向に動き出せばいい。そして、「置くべき場所」に収まったら「足るを知り」満足すること。幸福と言うのは結局「線引き」の問題(by 水木しげる)。どこでよしとするか。分をわきまえるか。たまに「天国に行っても文句を言ってる」タイプの人がいますが、それだとキリがありません。結局、一生文句を言って生きることなる。それって不幸なことではないでしょうか？

仕事を通じて人生を楽しめるプラットフォーム

そんなわけで、「いかにして納得感の高い会社にしていくか」、つまり、働いている人が「ここでしかないよな」と「腹の底から納得」をし、内発的動機を爆発させ、圧倒的な売場・商品で「地域の活気が集まる場所」を作る、ということが私の経営のメインテーマになりました。

楠木先生の『ストーリーとしての競争戦略』によると、競争戦略には大きく分けて、ポジショニング戦略（SP）と組織戦略（OC）があります。前者については第二章で紹介しましたが、「何をやり、何をやらないか」という「選択と集中」の考え方であり、「位置取り」についての考え方です。一方、組織戦略は「優れたやり方」について練り上げていく、「時間をかけてじっくりと」という考え方です。

この、どちらを重視し、その中で何をやるか、というところに経営者の個性が出るわけですが、私の場合、圧倒的に後者の組織戦略の方が好みです。

ポジショニング戦略は「決断」すれば割とすぐに効果がはっきりするのに対し、組織戦略は時間がかかります。一朝一夕にはいかない。「じっくりコトコト煮込む」必要がある。ただ、それだけになかなか真似ができない。

経営者の個性と分かちがたく結びついているのが組織戦略。これが私の性格に向いている。複雑なものを複雑なまま取り扱うこと（魔境）が好き。独自の文脈を練り上げていくことが好き。これは文学という「言葉にならないことを言葉にしようという試み」が好きということと関係しているような気がします。

デライトが会社組織（従業員向け）として目指していることを一言で表現すると、「仕事を通じて人生を楽しめるプラットフォーム」。分解すると、「待遇・環境がよくて（衛生要因）」×「楽しさ・成長もある（動機付け要因）」ということになります。

これは、実は顧客向けのコンセプトである「リアル×ローカル×ヒューマン＝地域の活気が集まる場所」と「ウラ・オモテ」の関係になっています。

そして、この「ウラ・オモテ」二つのコンセプトは、実は、経営理念の「DELIGHT！（楽しむ、楽しませる！）」とも重なります。

「DELIGHT！（楽しむ、楽しませる！）」の「楽しむ」の部分は従業員向けコンセプト「仕事を通じて人生を楽しめるプラットフォーム」に相当し、「楽しませる」の部分は顧客向けコンセプト「リアル×ローカル×ヒューマン＝地域の活気が集まる場所」に相当している。この二つが「無限ループ」として循環し、唯一無二の組織文化と活気ある売場・商品を生み出しているわけです。

この「ウラ・オモテ」の両方が共に「場

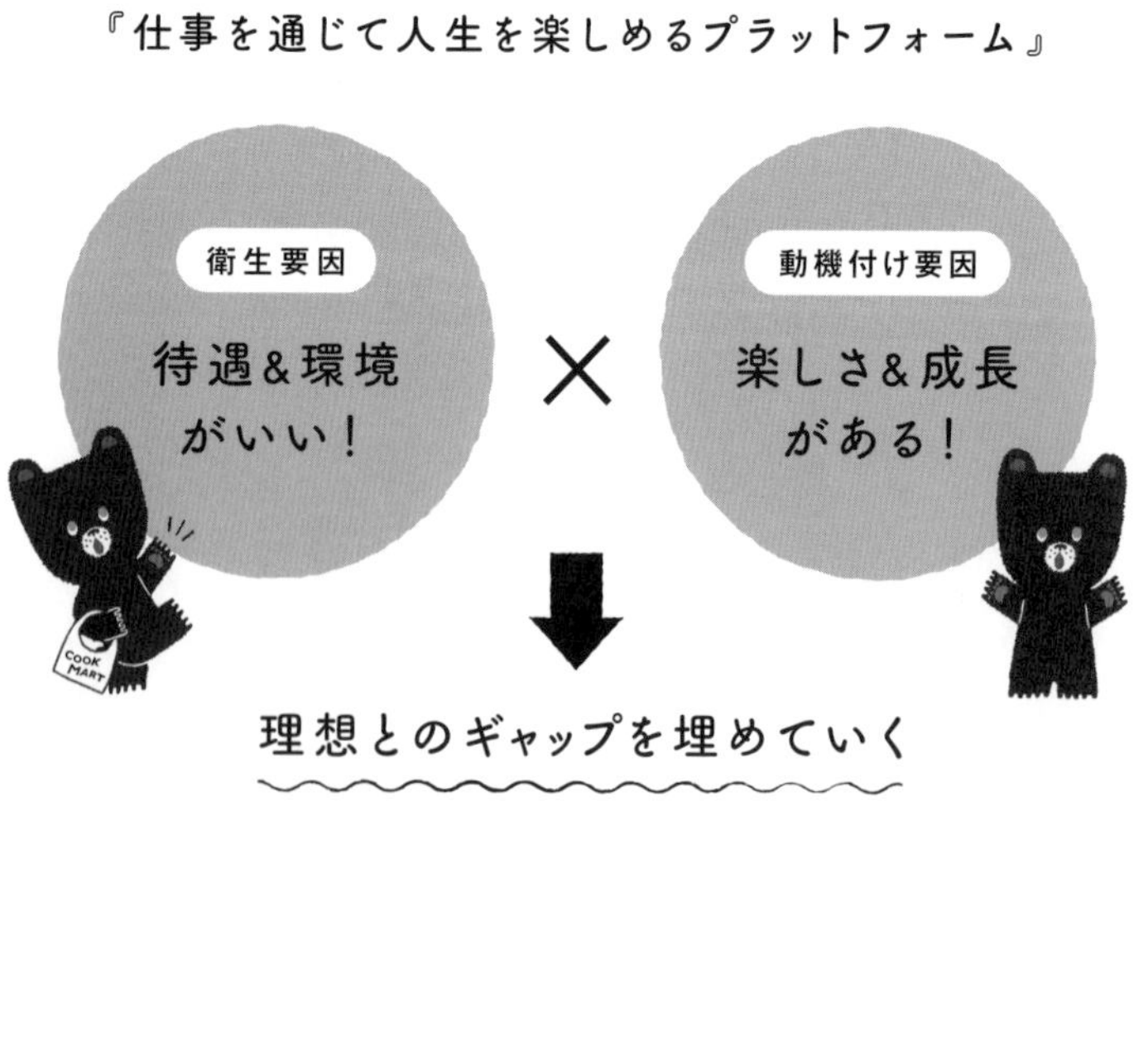

所」について言っているというところがミソです。「どうしようもなく場所作りが好き」「まずは場所から・構造から」という私の性格が出ています。

社員にとっての「仕事を通じて人生を楽しめるプラットフォーム」を整備することは、お客さんにとっての「リアル×ローカル×ヒューマン＝地域の活気が集まる場所」に直結する。だから、デライトにとっては組織戦略至上主義、徹底した組織文化の磨き上げというのは非常に合理的なわけです。

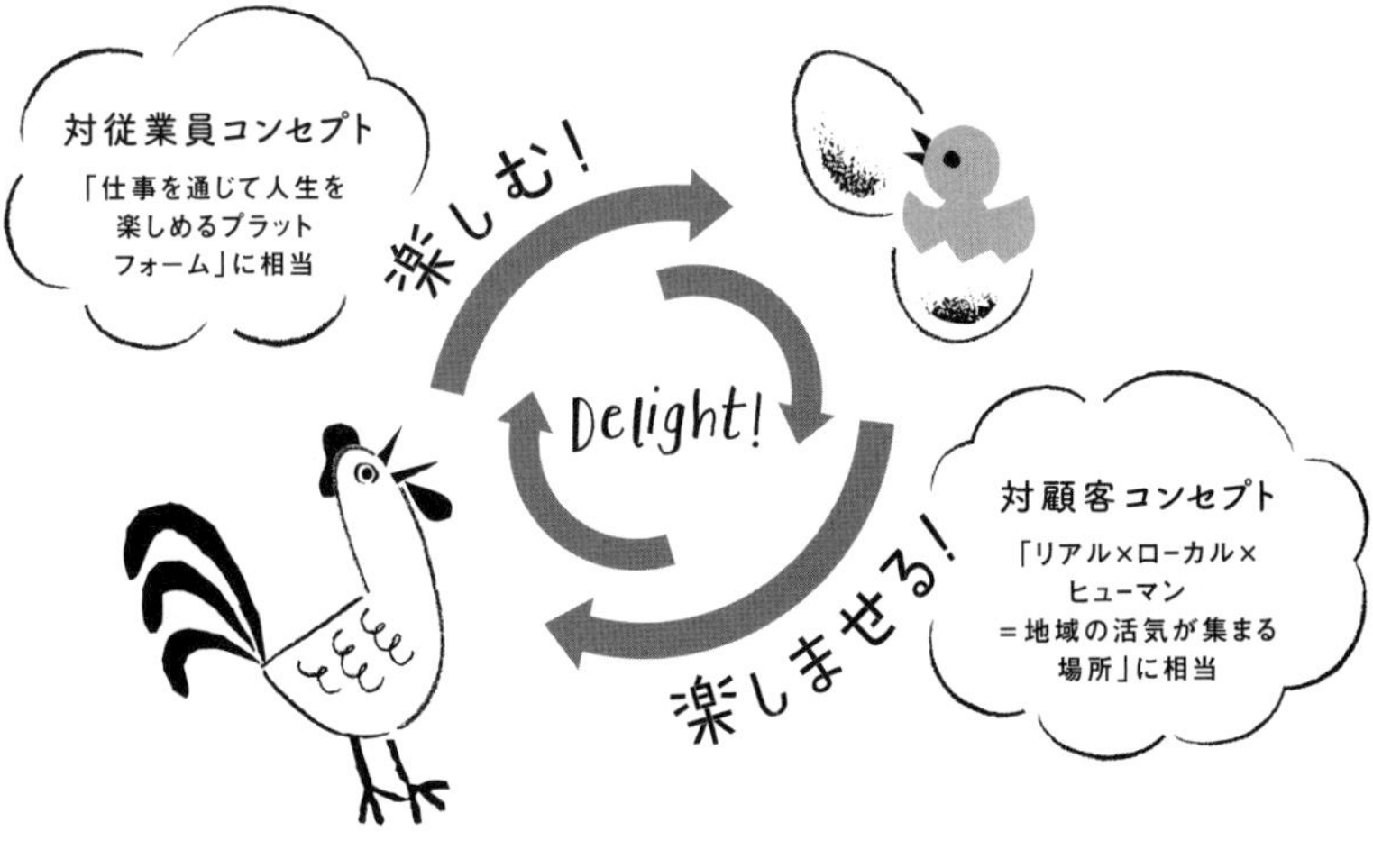

モチベーションの二つの要素

モチベーションには二つの別の要素があって、一つは、給与や休日・働き方など、基本的な待遇・環境が他社や世間一般と比べてよくないとダメ。そこがきちんと整備されていないと、採用市場の土俵にさえ上がれない。入ってもすぐに辞めてしまう。なので、まずはこの「衛生要因」をしっかり固めて、安心して働いてもらえる環境整備をすることが肝心になります。

しかし、人間というのはなかなか贅沢なもので、「いい待遇」にはすぐ慣れます。それだけではすぐに「あたりまえ」になってしまい、モチベーションが上がってこない。そこで大事になってくるのが、「楽しさ、成長、学び、発見」など、仕事自体の中に「面白み・やりがい」がある、いわゆる「動機付け要因」です。この両方が揃っていないとモチベーションは上がらない。

もちろん、ここまでやっても「ダリィ」「楽しめない」という人はいます。ただ、それは繰り返しますが「本人の問題」。経営者としては能力の及ぶ範囲で誠意を尽くして、理想とのギャップを埋めていくのみ。それでデライトを気に入ってもらえないなら致し方なし。もっと合う会社を探してもらうしかない。

ただ、ここは「現世」ですので、「万人にとっての100%の場所」はない。あったらそこは「天国」であって、「お前はもう、死んでいる（by北斗の拳）」。

永遠に文句を言ってる人は、ある意味、「生きること自体の苦しみ・哀しみ」を会社や他人の問題と混同（?）してしまっているのではないでしょうか。それは、人間である以上、誰もが抱えており、遭遇するもので、自分で解決するしかありません。

ローカルのメンタリティ

さて、第三章で書きましたように、私はローカルスーパーの社長としては異色の経歴を経てきました。それゆえに、ローカルの人の気持ちも、都会の人の気持ちも、スーパーの人の気持ちも、異業種の人の気持ちもわかります。ある種、自分はどこへ行っても「異邦人」「越境者」のような気がしてきました。「越境」して、違う価値を掛け算することに異様に面白みを感じる。そのギャップが大きければ大きいほど破壊力は大きくなる。

「異邦人」や「越境者」のよいところは、ある場所に染まらず、ある意味「部外者」

として客観的に、外側から、物事を見られるところです。

「越境者」がローカルスーパーにやってきて思ったこと。それはローカルの多くの人々のメンタリティは「東京中心にキャリア形成」している人たちとは大きく異なるということです。

私が東京で働いていたのは２０００年代中盤。インターネットや広告という業界特性もあるでしょうが、とにかく異様に忙しかった。かといって、決して生産性が高いわけでもない。「無意味に忙しい」「駆けずり回っている」。ある種、「手段の目的化」「仕事のための仕事」ということが横行していた。そして、「出世するか、そうでなければ脱落者」のようなピリピリした雰囲気が充満しており、「競争嫌い」な私は早々に「これはついていけない」と思いました。

その渦中にいると、感覚がマヒしてしまうのですが、かなり「不自然」なことが当時の業界の「あたりまえ」になっていました。

豊橋に帰って、ファミリーの中でじっくりと腰を据えて会社経営に取り組むようになって、それは改めて強く思いました。あの忙しさは何だったのか？　と。豊橋に戻って、ゆっくり、じっくりやる方が、むしろ速く、効果的という逆説。

「東京モデル」はあまりに忙しすぎる。しかもその忙しさがあまり意味のない忙しさだからたちが悪い。忙しさが加速し、気が狂いそうになる。その不自然さに当時の私の魂は痙攣《けいれん》したのです（第三章参照）。

豊橋に帰った私は、「ローカルの普通の人々」「マイルドヤンキー」と接する中で、「なんて素朴でいい人たちなんだ！」と、わが故郷のことながら思いました。都会とは違う、ゆったりとした時間が流れている。そして、「こういう感覚は大事にするべきだ」、都会とは別の「ローカルの普通の人々の幸せ」を考えることが重要である、と思いました。

「エリートを集めて世界一を目指す」ようなことは、GAFAMとか、そういうのが好きな人に任せておけばいい。そんな駆り立てられるようなことはまっぴら御免。そういう会社にばかりスポットライトが当たって、「追いつけ追い越せ」と煽る記事も目立ちますが、そもそも経済のほとんどはそれ以外の「地味な会社」でできている。全員が「世界一」「日本一」を目指してどうするのか？　そんな社会を本当に望んでいるのか？

真に「地方の活性化」「人間の幸福」を考えるなら、ローカルの身の丈に合った、「普通の人々が活躍できる場」を作ることだって非常に重要で、価値があることではないか？「それぞれがそれぞれの持ち場を全うする」ことが大事ではないか？　そういう「あたりまえ」なことの意義が軽んじられていやしないか？

日本全体で見るとローカルの人の方が遥かに多いのに、世間で語られている人事制度やキャリアイメージというのは圧倒的に「東京視点」「エリート視点」に偏っている。東京で考えたキャリアモデルを無理矢理ローカルに当てはめようとすると無理が生じる。人生観やキャリアイメージなど、都会の人とローカルの人では随分違う。そもそも出世やキャリアプランに興味がない人もたくさんいる。

こういう状況を見て、私は、人事制度は「既製品」では対応できない。自社の理念・コンセプトと「ローカルの現実」に合った、オリジナルのモデルを創る必要がある。「東京モデル」ではないモノの見方が必要だ、と感じたわけです。

大切なものは目に見えない

海外や都会、異業種について、知らないがゆえに、妙に高く見積もる人は多いように思います。ＩＴ企業や外資系企業への異様な高評価。まるで「魔法使い」でも見るように怖々と遠巻きに眺めている。彼らが発信する新しいコンセプトやビジネス的流行ワード《バズ》に早く適応しないといけないという焦燥感を持つローカルの人は多い。でも、実態を見ると、「すごい普通のことを難しく言っているだけ」のことも多い。そういう「流行語」に踊らされているとどんどんブレて行ってしまう。それよりも、じっくりと腰を据えて、己の会社のコンセプトを突き詰める方がずっと重要だと思います。

どんな会社も所詮、人間がやっている。「全てをわかっている全能のスーパーマンなんていない」「やつらも人間」「ビビる必要なし！」。この辺は東京にいるときにいろんな業種のいろんな会社に出入りしていたので、有名企業やエリートに過大な期待や幻想を抱いていないというのが大きいと思います。

そもそも、私は肩書・経歴・学歴・資格などだけでモノを見ることに懐疑的です。肩書や資格だけで人を評価して採用したりするとロクなことがない。そんなのはなんぼでも言える。それ自体は道具であって、単なる技（スキル）であって、大事なのはそれをどう運用できるかという能力（センス）の方。言ってることじゃなくてやってることを見る。いくら凄い武器をズラッと持っていても、その運用センスが悪ければどうにもならない。それはただの武器マニア。センスは目に見えないので、少し会話をするとか、一緒に仕事をするなど、ある程度のやりとりをする中でようやくわかるものだと思います。

この「センス」というのは非常に奥が深く、見極めが難しい。だからこそ目に見える、「わかりやすい」評価軸で人を評価することになりがち。しかし、「大切なものは目に見えない」。

デライトでは肩書・経歴・学歴・資格にとらわれず、（うちに合った）センスがあるか、モラルがあるか、言ってるだけじゃないか、という視点で幹部を抜擢してきました。大卒でなくても高卒、中卒でもセンスがよく頭のいい人はたくさんいます。また、ある方面では全くダメだけど、別方面では「神」というタイプの人もいます。人間、私も含め「全方位に100％優秀」ということはあり得ないので、いかにしてごつごつとした違うタイプの石を組み合わせるか。石垣で言うところの「野面積《のづらづ》み」。その組み合わせ、適材適所の配置にこそ組織作りの妙があると思います。まさに、「エリートじゃない人を集めてエリートでもできないことをしちゃう」組織。こういう、肩書・経歴・学歴・資格にとらわれない人材登用や抜擢について、デライトでは「デライト梁山泊《りょうざんぱく》」(※)と呼んでいます。

※　デライト梁山泊
梁山泊は中国の古い小説「水滸伝」に登場する、108人の英傑が集った天然の要塞。デライトにはその理念・戦略に共感し、多くの面白い人財が集まってくる。その中には前職で力を発揮できず、くすぶっていた者も少なくない。しかし、デライトで働き始めると水を得た魚のように活躍を始める。お客様と地域と仲間のために戦うツワモノたち。それは現代の梁山泊のようだ。

ローカルスーパーは「クラフト感」のある仕事

さて、そういう地方の「マイルドヤンキー」「ローカルの普通の人々」にとって、ローカルスーパーの仕事というのは本来、非常に相性がいいと思っています。

スーパーの仕事の何がいいかというと、「自分で仕入れ、自分で作ったものが、目の前で売れていく」というわかりやすさ。お客さんと直接やり取りする中で、リアルタイムに多くのフィードバックを受け取ることができる。「この前のアレ、うまかったよ！」「今日は○○ないの?」「あんた、感じがイイのん！」

直接、ことばをかけていただくことはもちろん、自分の売場・商品がよかったかどうかは毎日の売れ方を見れば一目瞭然。ダメなら売れないし、よければ売れていく。単純明快。着実に地域に役立っていること、自分が社会の構成メンバーであることが「どうしようもなく」実感できる。「新鮮、安い、おいしい、楽しい」。これ以上なく、わかりやすい。

ローカルスーパーの面白さというのは、この「リアルタイム」に「全体像」がわかるという「手触り感」、人間の本能に密着しまくった「必然性」にあると思います。言うなれば、昔の「手仕事」には必ずあった「クラフト感」が今も残っている仕事。自分で諸々をコントロールしている確かな手ごたえ、深い実感。

ワークライフバランス!?

今は良くも悪くも、何かと仕事や社会が分業化されまくって、自分の仕事が世の中に「どう役に立ち、喜ばれているのか」、なかなか実感しにくい世の中です。その究極が工場。部分に分けて専門特化。どんどん効率は上がるが、部分だけやっていると、楽しくはない。流れ作業が続いていく。

工場は当然必要だし、現代文明がその上にしっかり乗っかって、我々もその恩恵を大いに受けているわけですが、仕事として考えたときに（分業・効率を基本原則としているだけに）「めちゃくちゃ楽しい工場の仕事」というのはなかなか難しいのではないか？　その場合、休みはしっかり取れて、給与も高いが、「仕事が我慢」になりがち。

そこから「ワークライフバランス」という発想が生まれてくる。「ワーク」については、耐え難きを耐え、忍び難きを忍び、週末の「ライフ」で人生に復帰という考え方。

そういうのが好きという人はいいのですが、私の感覚では、週末2日間の「ライフ」のために平日5日間の「ワーク」は我慢というのは結構キツくないか？　それよりも、むしろ、「ワーク自体に楽しさ、面白さがある」という状態を目指すことの方がずっと自然で健全なのではないか？

「完璧なワークライフバランスなんてあり得るのか？」

「むしろそこは積極的に混ぜていって、ワークの中にライフを入れちゃったらどうか？」というのが私の発想です。

「なぜ仕事にライフを入れてはいけないのか？」

「仕事にライフがないのはむしろ不自然なことではないか？」

少なくとも、私自身、人生の長い時間を占める仕事を「我慢してやる」という世界観があまり好きではありません。まさに弊社の「DELIGHT！（楽しむ、楽しませる！）」という理念そのものですが、「どうせやるなら楽しみたい」「楽しまないと損」「楽しむ方向に持っていきたい」と考えるタイプなのです。結果、楽しく仕事した方が成果も上がるし、評価もされるし、結局、長い目で見たら給料も上がると思います。

仕事についてのマインドセット

私は「工業」と「商業」は別物であり、「商業」に「工業」のメタファーを取り入れすぎることは危険だと考えています。もちろん、合理化・効率化ということは重要ですが、何事にも限度・適正というものがある。

しかし、最近は大手スーパーを中心に、スーパーの極端な「合理化・効率化」、つまりは「工業化」が進んでいるように思います。せっかくのクラフト感のある仕事が、分業化され、どんどんつまらなくなっていく。商業から手触りのある仕事がなくなっていく。

それは働き手にとってつまらないだけでなく、個性的な売場やお店が無くなっていくという意味で、お客さんにとっても決してよいことではありません。悪い菌を殺す過程でいい菌まで殺してしまう。そういうある種の「潔癖症」「完璧主義」が蔓延《はびこ》っているような気がするのです。

「仕事は楽しくなく、ひたすら我慢するもの」という考えが社会の大勢を占めると、社会全体が暗くなると思います。実際、新聞などの各種調査でも日本人の仕事の満足度は世界各国と比べても相対的に低いとの結果を目にします。つまりは「労働観・仕事観がネガティブな人が多い」。

でも昔からそうなのか？　仕事が分業化され過ぎず、手触り感・クラフト感がある時代にはもっと仕事が好きで、やりがいを持って働いていた人が多かったのではないか？　仕事がつまらなくなるのは「目的」が喪失し、「全体像」が見渡せず、「自分が何をやっているのかわからない」「やっていることに意味を見いだせない」状態に陥るからではないか？

このマインドセットのまま、「お金」や「休み」や「福利厚生」を手厚くしても、みんな幸せになれるのか？

いわゆる「働き方改革」をいくらやったところで、そもそも仕事自体がつまらなく、仕事についての「モノの見方」がネガティブだと、永遠に「仕事、ダリィ」ということになるのではないか？

だから、私は「働き方改革」もいいけれど、同時に、職場が「仕事を通じて人生を楽しめるプラットフォーム」であること、加えて、それ以前の「モノの見方改革」（なぜ、働くのか？　自分にとっての幸福とは何か？　根本的な自己認識＝「自分なりの基準」を持つこと）が重要ではないか？　と思っているのです。

機械のメタファー・生命体のメタファー

さて、経営者が会社をどういう存在として捉えるかというのは、会社のあり方全体に大きな影響を与えると思います。ザックリ言うと、会社というものを「機械として捉える見方」と「生命体として捉える見方」があるのではないかと思います。

今までのビジネス世界の主流は意識的にせよ無意識的にせよ、会社を「機械として捉える見方」が主流だったように思います。会社を「機械として捉える」とは、ある種、巨大なマシーン、システムとして捉え、あらゆることを可視化し、パーツ（部分）に分け、交換可能、修理可能とし、とことん効率を上げ、スピードを上げていくようなイメージ。

これは高度成長期にジャストフィットし、日本ではあらゆるシーンで「機械のメタファー」「工業のメタファー」「科学のメタファー」が機能し、業界の垣根を越え、ビジネスの垣根を越え、今では医療・教育など、社会のあらゆる場面に浸透していると思います。機械の時代のテーマは「規模拡大・効率重視」。良きにつけ、悪《あ》しきにつけ、我々のモノを考える前提が、「科学的・工業的で機械的世界」になっているように思います。

しかし、これはスーパーマーケットにおける「チェーンストア理論」同様、高度成長期・人口増加期特有の考え方だったのではないか？　あまりに長い成功体験だったため、その時代ズッポリの世代からすると、それ以外の考え方というのはなかなか考えにくい。

けれども、社会経済が成熟し、人々のメンタリティが変化し、人口も減っていく時代、高度成長時代のモデルのままで行けないことは自然な成り行きだと思います。

獣医のように会社を見る

それに対し、より時代に合っていて、自然だと思うのが、会社を「生命体として捉える」見方です。私は、デライトに入社した当初から、「経営者として自分がどうしたいか」の前に、「デライトという会社は一体、何を考えているのか？」と考えてきました。デライトは「どういう気質・体質・特徴を持っているのか？」と、まるで会社が、意志を持った一つの生命体であるかのように見て、接してきたのです。それは、自分と会社を同一視せず、少し引いて、「別人格」として見るような感覚です。

経営者と会社の距離感というのは意外と難しく、「近すぎてもダメだし遠すぎてもダメ」「主観的になり過ぎてもダメだし他人事になってもダメ」。格闘技の間合いのように微妙で繊細なものだと思います。特にファミリービジネスの場合は、経営者と会社の距離が近いだけに、自分と会社を同一の存在と錯覚しがちです。

しかし、ここを混同すると冷静にモノを見ることができなくなる上、経営者自身も何かとしんどいと思います。自分と会社はあくまで別物。この認識・線引き・客観性があった上で、自分なりのベストを尽くす。何がデライトにとってよいことなのかを考える。この構えが重要だと思っています。

会社を自分とは別の、一つの「生命体」としてよく観察していると、独自のリズムやノリがあることがわかってきます。それは、元々は創業者である父の個性から発したものかもしれない。長年の歴史の中で培《つちか》われたものかもしれない。そういう、会社独自の「傾向・特性・グルーヴ感」を把握した上で、それを活かすようなアプローチが大事だと考えます。デライトがどういうことをしたくて、どういうことを好むのか？ それを無視して経営者のエゴで無理矢理動かそうとしても会社は思うように動きません。会社はマシーンではなく、人間が集まってできている、ナマモノであり、有機体・生命体に近いものだからです。

例えるなら、会社と経営者は「動物と獣医」のような関係。動物はしゃべることはできませんが、それぞれ個性があり、気質・体質が違います。体調がいいときもあれば悪いときもある。そして、しゃべれなくても、常に様々なシグナルを発している。その様子を見て、感じて、ときには計測器の力も借りながら、最終的には「獣医」たる経営者が「経験的に」「総合的に」見て、病気だとか、健康だとかジャッジをする。病気のときはどういう治療が必要なのかを考える。そこには一方通行でない、双方向の対話がある。

キノコ理論

会社を「生命体として捉える」ことの利点は、上記のように、会社ごとの個性について意識的になれることに加え、会社自らが「進化・増殖する」ということにあります。機械は勝手に進化・増殖することはありませんが、生命体は、適切な生育環境と栄養さえあれば、自ら肥えて豊かになっていくことができます。

経営者としては成長の阻害要因を見つけ、取り除いて、なるべくその生命体の健やかな成長を邪魔しないようにしてやる。余計なことをする必要はない。むしろ余計なことをすることは「過干渉」となり、適切な成長を阻害してしまう。ある意味、この考えは子育てにも近い。

私はこういうあり方を勝手に「キノコ理論」と呼んでいます。とにかく、私は「組織戦略」「組織文化づくり」が好きで、いい場・いい組織文化を作れば、いい事業戦略、いいプロダクトや成果はキノコのように自動生成するとさえ思っています。時には毒キノコが生えることもあるけれど、それは上手に摘んで、「いいキノコ」が育つ組織文化を整備していく。人は無菌状態では育たない。適度なノイズも必要。私にとって組織文化は、ある意味、農作物における畑や菌床みたいなイメージなのです。

私の組織戦略は、とにかく「場づくり」。「場」を作ったら徹底して任せる。ただ、放置とは違う。コンセプトはしっかり握った上で任せる。そして情報共有やコミュニケーションをして、絶えずフィードバックがあるようにする。そこから会社が生命体のように有機的に動き出すのです。

生命体は「ここが悪いからパーツを取り換えましょう」「修理しましょう」という「交換可能」な世界ではありません。時には外科手術も必要ですが、基本的には長い目で見て、地道に「土壌を耕す」「菌床を整える」しかない。しかし、そうすれば、時間はかかるけれど、着実に効果は出る。

この、ややロングスパンのユルい構えが、「生鮮・ローカル・人間」のような「魔境」を扱う上ではかなり重要なのではないか? なぜなら「魔境」は生きており、「ナマモノ」であり、「生命体」「生態系」そのものだから。生きている「魔境」を、機械を扱うように扱えば、健康を害することは容易に想像がつきます。しかし、現実は「完全にコントロールできる」という「機械のメタファー」で扱っている会社が多い。だけど、それをやってると「魔境」が暴れだす。

デモーニッシュな世界

こういう、ある種「科学的（サイエンス）」ではない「人文学的（ヒューマン）」な世界をどれだけ理解・許容できるか。人間には「わからないこと・手におえないことがある」と認められるか。待つことができるか。不思議なものを不思議なまま受け止められるか。ここが「魔境を扱えるかどうか」の分かれ目な気がします。

優秀な人の中には「１００％の状態じゃないと嫌だ！」「俺は完璧にコントロールしたい！」「全てを理解したい！」「分析すれば世界はわかる！」「とにかくデータを集めろ！」というタイプの方もいらっしゃいますが、私の感覚ではそれは「潔癖症」「偏執狂」に近い。魔境でそれをやろうとすると「鬼」が出ます。「魔境に喰われる」のです。なにせ、「魔境」は「リアル×ローカル×ヒューマン」の世界。それは自然科学で扱えるカテゴリーではなく、本来は人文学・社会科学が扱うカテゴリーだからです。

「魔境」における振る舞いにおいて私が最もイケてると思うのが、ドイツの文豪であり、科学者であり、政治家でもあったゲーテです。私の中でゲーテは人文学、自然科学、社会科学を「越境」した存在。ゲーテは「人知を超えた不思議な力」「人間の理解の及ばないこと」について、たびたび畏敬の念を持って言及しており、それを「デーモン」「デモーニッシュ」という言葉で表現しています。

——ゲーテは、言葉ではいいあらわしがたいこの宇宙と人生の謎をデモーニッシュなものとよんでいる
——デモーニッシュなものとは、悟性や理性では解き明かしえないもののことだ
——人間は、高級であればあるほど、ますますデーモンの影響を受ける

（エッカーマン「ゲーテとの対話」）

人類史上、傑出した天才の一人と言われているゲーテにして「最高級のことは人間にはわからない」。その「わからないことがわかる」こと。それが人間としては最高級。驚き、畏怖し、不思議がれる力！（水木しげる流に言うと「フハッ！」、岡本太郎流に言うと「なんだこれは！」）

現在のビジネス、小売、食品スーパーの世界は何でもデータ分析できると思い過ぎではな

いか？　すべてを科学（サイエンス）の視点で見ようとし過ぎではないか？　結果、可視化できる「データ」ばかり見て、「データ」にならないものを見落としていないか？

個人的にはデータを分析することも大事だけれど、同時に、コンセプトで統合することができないと意味がないのでは？　それこそ人間にしかできない仕事であり、まさしく「文学」「センス」「個性」の仕事であり、現在のビジネスシーンにはその視点が著しく欠けているのではないか？　と思っています。

社内制度もナマモノである

さて、しっくりくる経営理念があり、明確なコンセプトを据えると、ストーリーが明確になり、どうしようもなく、必然性のある打ち手が見えてきます。それをより具体化したものが「社内制度」です。ある意味、理念が憲法なら、社内制度は法律。法律は憲法に準ずる。

デライトには数多くの社内制度がありますが、それらは頭だけで考えたり、世間でいいと言われているものを無理矢理移植したりしたものではなく、社内の必要・必然に応じて、都度、ニョキニョキと「自動生成」「増殖」してきたようなイメージです。

社内を見渡し、耳を澄ましていると、「このへん、カユいな・痛いな」というところがわかってくる。そのポイントをポリポリ掻《か》いていくと、そこからモリモリッと隆起して新しい社内制度が生まれてくる。

経営者にできるのは、その萌芽《ほうが》が見えたら、壊れないように大切に守り、素早く具体的な形を与えること。ある意味、社内制度も「ナマモノ」です。機が熟すタイミングを見て、サッと調理しなくてはいい制度にはならない。予兆を感じ、芽吹く感じがあったら、それを踏まえて一気に制度化して確立する。「どうしようもなく必要」な感じをタイミングよくキャッチすることで初めて根付き、効果的に働くという感覚があります。

進化増殖する社内制度

ここではそんなふうに「ニョキニョキ出てきて、サッと制度化した」、デライト独自の社内制度の一部をご紹介します。

❶己を知り組織を知るための人事制度

己を知り組織を知れば百戦殆《あやう》からず

「役職×等級制度」「評価・フィードバック制度」「報酬制度」を網羅したデライトの人事制度。全体像・将来像を見える化し、全員が「意味」をわかって努力できるように制度設計しました。デライトが目指すのは「意欲・能力がある人が報われる制度」「それぞれが自分にあった役割で活躍できる制度」。いろんな部分を「見える化」しているので、それぞれが、自分の求められている役割、どういう状態になれば次のステージにいけるか、常に意識してチャレンジしてほしいと思います。

デライトの従業員向けコンセプトである「仕事を通じて人生を楽しめるプラットフォーム」を分解すると、「待遇・環境がよくて（衛生要因）」×「楽しさ・成長もある（動機付け要因）」だということは既にお話ししました。

「待遇・環境（衛生要因）」を整備する際に、基礎となるのが人事制度です。人事制度を分解するとザックリ分けて以下3つになるというのが私の理解です。

①役職×等級制度
②評価・フィードバック制度
③報酬制度（基本給、各種手当、残業代、賞与、退職金など）

どんなに楽しくて面白い会社でも、給料が安くて、全然休めないのでは「やりがい搾取」になってしまい、継続性がない。なので、ここがきちんと納得感のある制度になっていることは重要だと思います。しかし、世間で定番の人事制度をそのままデライトに持ってくると、どうにもしっくりこない。その違和感はなんなのか？

世の中にある定番の人事制度は、「全体像が見えず、先も見通しにくい」「評価・運用に手間がかかり過ぎる」「年功序列要素が強すぎる」など、「無駄に複雑」で「時代・現実に合っていない」ものが多いと思います。制度というのは「実現したい理想に合わせて設計するもの」であって、「制度に合わせて現実を変える」というのでは本末転倒。それではみんなで「全力で似ていく」ことになる。人事制度からしてユニークでないと、本当の違いは生まれないのではないか？　というのが私の直観でした。人事制度というのは、人間が人間を評価し、役割を決め、報酬を決めるシステムですが、どんなに精緻に作っても必ず現実とズレが生まれます。要するに、「誰から見ても１００％満足な人事制度」というのはあり得ないわけです。

であるならば、「ザックリと」作ることが正解なのではないか。「測れないものを測ろうとしない」「やらなくていいことをやらない」、これが私の信条ですから、意味のない精緻化は「自己満足」だと思うわけです。それをやってる暇があったら他のことをやった方がよくない？　と考える。

「ザックリと」大枠が合っていれば、短期的には多少ズレるかもしれませんが、中長期的には概ねズレることはない。デライトのコンセプトに合った人が残り、合った役割を担い、活躍し、満足するようになる。このように、大枠で間違わないということが大事ではないか？　それができたら上出来とすべきではないか？

制度は理念に従うべし。デライトの理念にしっくりくる既存の人事制度がないなら、オリジナルで作るしかない。そうして「どうしようもなく」できたのが今の人事制度です。

ポイントは、全体像・将来像を見える化し、全員が「意味」をわかって努力できるようにしたこと。デライトが目指すのは「意欲・能力がある人が報われる制度」「それぞれが自分にあった役割で活躍できる制度」です。

この人事制度を一言で言うと、「己を知り組織を知るための人事制度」。大事なのは「適材適所」であり、自分が担っている役割を明確にし、その定義とのズレを見える化することだと考えています。

役割・習熟度に合わせて人員を配置し、その定義に対して「ズレているか・ズレていないか」で評価をする。評価はS・A・B・C・Dのシンプルな5段階。上にズレるか、下にズレるか、ドンピシャか。これ以上複雑にしてもあまり意味がない。フィードバックは、担っている役割との「ズレ」を中心に伝える。評価はあくまで役割との「ズレ」についてのものであり、本人の人間性とは関係がない。

このシンプルな制度であれば、手間はかからず、複雑な制度をこねくり回すより、ずっとわかりやすく現実を反映できる。

私の人材観は、「人間には向き・不向きがある」「結局、向いてること・好きなことしか上手くできない」「大事なのは己を知り、己に合った場所を見つけてフィットすること」。

最も不幸なのは、自分を過大評価したり過小評価したりして「いるべき場所」でないところに身を置く(=「身の程知らず」になる)こと。

この人事制度は「担っている役割とのズレ」について評価するわけですから、「絶対評価」で行います。なので、「人と比べてどうか(相対評価)」ではなく、「担っている役割に対してどうか」になる。すると、組織内で変な競争や足の引っ張り合いにならない。むしろ、「他

『シンプルかつ合理的な人事制度』

年齢・経歴、また店舗や本部にかかわらず、役割ごとに能力・経験レベル(3段階)を認識する独自の人事制度を導入しています。

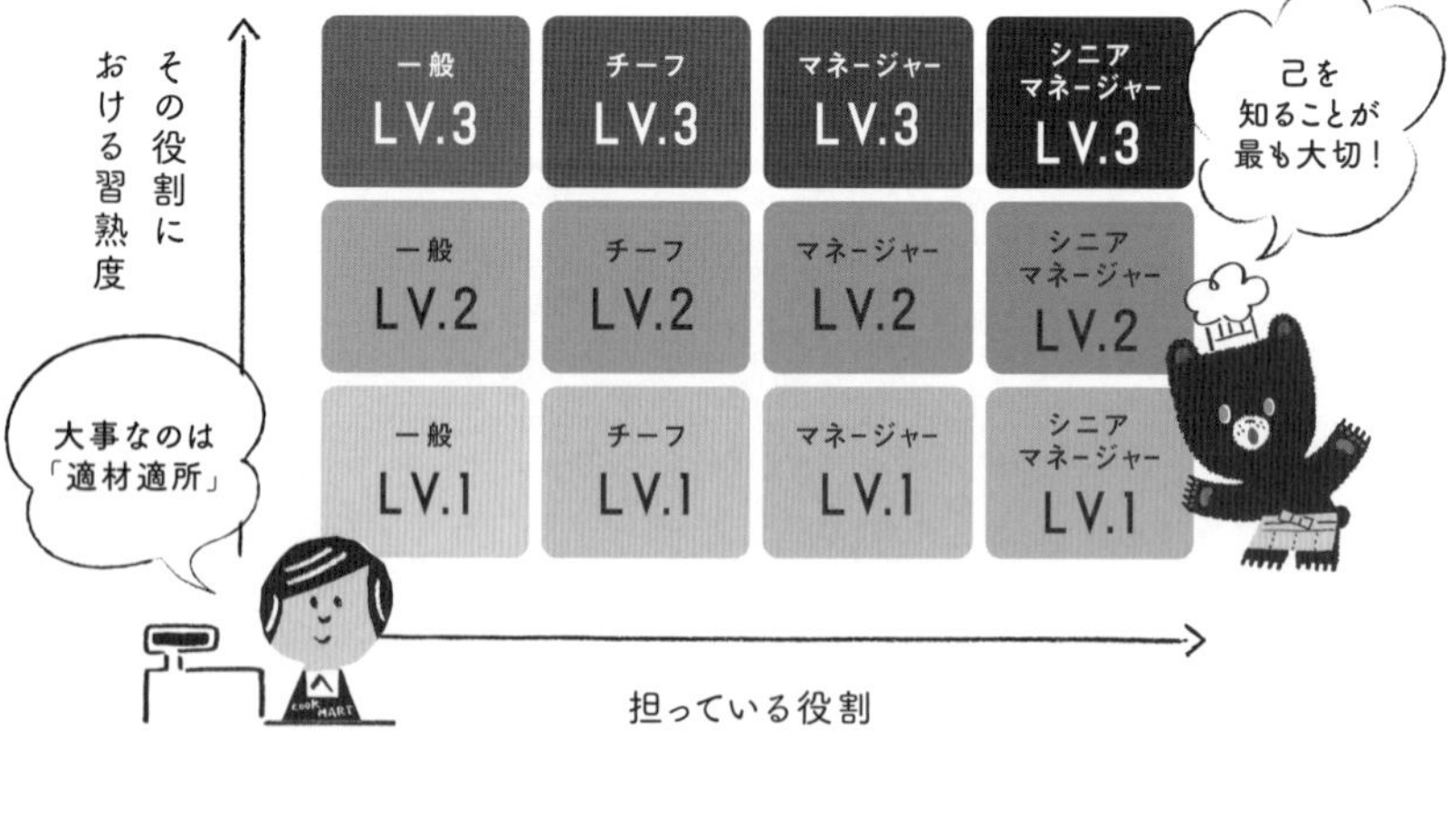

人を生かし、自分も生きる」という健全な方向性に向かう。働いている人の間で競争意識は低く、仲間意識が強くなる。これ、即ち、いいチームであり天下泰平。

❷各種リアルイベント

ヒトが身体性を帯びた動物である以上、なくなることはない

デライトの組織文化を語るうえで欠かせないのが各種「リアルイベント」です。2020年のコロナ発生以降はなかなか開催が難しい局面もありましたが、人間集団が協同する上で、「実際に顔を合わせてお互いを知る」機会の重要性は、ヒトが身体性を帯びた動物である以上、これからも変わることはないと思います。

■家族バーベキュー会

第二章でも言及しましたが、毎年夏に実施される、クックマート社員とその家族のための大懇親会が「家族バーベキュー会」です。デライトの楽しい雰囲気を家族にも知ってもらいたい、味わってもらいたいと、社員の発案で自然発生的に生まれたイベントです。

毎年、数百名が参加。あまりの参加率の高さに、お店が回らなくなってしまうため、2日間に分けて開催しているほどです。

豊橋と浜松にほど近い、渥美半島・田原の海水浴場で実施するため、泳ぐもよし、食べるもよし、家族サービスするもよし、仲間と語らうのもよし、日陰でまったりするもよし、それぞれが思い思いの過ごし方をします（海も、山も近くて、すぐ行けるのがローカルのいいところ！）。

ウリはなんといっても食品スーパーならではの豪華食材！　野菜、果物、魚介、肉類、焼きそば、おにぎりなど、

『家族バーベキュー会』

地元の海の幸、山の幸をふんだんに使い、「ローカルの達人」が美味しく調理してくれます。

社員のお子さんもたくさん参加するので、スイカ割り、水鉄砲、クワガタつかみ、かき氷早食い競争など、ちびっこ大満足のイベントも満載。クワガタは早朝に地元の山の「クワガタが集まる木」を熟知している「クワガタ名人」が捕ってきてくれたり、取引先や生産者さんも差し入れを持って遊びに来てくれるなど、ローカルならではのフットワーク・ネットワークでその夏一番の思い出を作ります。

会社が生活コミュニティと重なっている、クックマートならではのＤＥＬＩＧＨＴなイベントです。

■経営方針発表会（デライトDEナイト）

年に1度、3月下旬に全店休業で実施されるデライト最大のイベントが「経営方針発表会」、通称「デライトＤＥナイト」です。第一部では社長から1年の振り返りや新年度の方針説明をします。

私のプレゼンテーションはとにかくわかりやすさ重視。面白くないとみんながすぐ寝てしまうと思うから、「フリップ芸人」「紙芝居」のように、高速で、テンポよく、ビジュアルをたくさんつかって、1年の振り返りと新年度の方針を伝えていきます。

経営方針に限らず、会社の重要な発表など、ここぞというときは、社長が直接、プレゼンすることが多いです。同じことでも誰がどう伝えるか。ニュアンスで結果は全く違ってきます。

漫画のようなストーリー展開で、笑いも交え、いかにして聞き手を当事者にするか。制度や方針の概要だけでなく、その意図やプロセス、背景も含めて事実ベース、「正直一本勝負」で丁寧に説明することを心がけています。

このあたりは私の個性に根差した「芸風」みたいなところがあります。特に勉強したわけでもなく、いつの間にかこのスタイルになっていました。コミュニケーションの仕方や方法も、経営者の数だけいろいろで、真似することはできない。結局、自分に合ったやり方でやるしかない。「自分が社員だとしたらどんなプレゼンなら聞きたいか?」「どういうことを伝えたら社員の助けになるか?」、逆算して作っています。

第二部・懇親会では全社員が一堂に会しての大パーティー(バカ騒ぎ!?)が繰り広げられます。イベントは仮装あり、歌合戦あり、クイズありの「どうしようもない」盛り上がりよう。有志が作ってくれた感動のスペシャル映像も流れ、泣きまで入る。会場のホテルの方にも毎回「（今年も）スゴかったですね……」と言われます。自然とそうなっちゃうのがすごいよなぁと毎回思います。

■ユルい部活動・同好会

現在、デライトには「野球部」「フットサル部」「料理部」「テニス部」の4つの部活動があります。さらに、ベテランを中心に根強い人気の「ゴルフ同好会」や、気まぐれに開催される「女子部」など、さまざまな活動が社員によって運営されています。

『デライトDEナイト』

この部活動制度も、きっかけは社員による発案です。元々、社員同士の仲がいいクックマートでは、仕事が終わったあと、そのまま同僚と集まって野球をしたり、ゴルフの練習をすることが日常的にありました。

中でもフットサル仲間の活動が大きくなり、「会社公認の部活にしてほしい！ フットサルコート代を補助してほしい！」と社員から提案があったのを発端に、社内制度として公認し、デライト初の部活「フットサル部」が誕生しました。こういう「社員発案→後付けで会社公認」というのは「デライトあるある」です。

正式に部活認定されると、会社から活動費の補助が出る上、人数も集まりやすくなります。それを見た野球好きたちが「フットサル部うらやましい！ 俺たちも野球部を作りたい！」と、部活化を要望。自分たちで〝COOK MARTS〟というユニフォームまで作って盛り上がり、見事、部活認定となりました。

その後、しばらくは社内のフットサル好き・野球好きが内輪で楽しんでいるだけでした。しかし、後述する社内SNSが導入されると活動が一気に「見える化」。夢中で楽しんでいる笑顔の大人たちの写真を見て、「楽しそう！ 私もやりたい！ 見にいきたい！」と社内に大きなインパクトを与えました。こうして完全に社内に定着した部活動は、他社を巻き込んだ交流試合を開催したり、社内の応援団が駆けつけるようになったり、ますます活動を活発化させていきます。

たとえばフットサル部は、毎年冬に「デライトカップ」を開催しています。仕事終わりの20時スタートにもかかわらず、若者からおじさんまで70名以上が参加。年甲斐もなく（!?）大はしゃぎ！「デライトＪＡＰＡＮ」という選抜チームができたり、野球部VSフットサル部の対抗戦があったり、取引先を招いての交流試合をしたり、店舗・部門・会社の枠を超えて、熱き戦いが繰り広げられています。

一度、「試合をやるので社長も見に来てください！」と言われ、応援に行ったところ、真冬にもかかわらず、あまりの熱気でみんなの頭からモクモクと湯気が立っており、ぶったまげたことがあります（寒いので私は早々に引き揚げました）。

そういう盛り上がりを見た社員の中から「私たちも部活を作りたい！」という声が上がり、新しい部活や同好会が次々と生まれました。

女性も気楽に参加できる「文化部」を、ということで、毎日、手作り弁当を持参してくる「弁当男子」の花井さんを中心に発足した「料理部」。食品スーパーならではの食材や、デリカメンバーの料理の知識を生かした、ごちそうメニューがズラリ。親子で参加して料理を楽しむお母さん社員もいます。

テニス経験者が発起人となり、初心者でも安心して参加できると評判の「テニス部」。豊橋と浜松の交互開催で、男性も女性も幅広いメンバーが楽しんでいます。時々、テニス好きな生産者さんも参加して「熱血指導!?」してくださいます。

ちょっと異色なのが「女子部」。「ゆる〜く運動したい女子だけの活動」をコンセプトに、デライトの女性社員が集まり、体育館でバドミントンやソフトバレー、ドッジボールで汗を流したり遊んだり。これはまだユルすぎて非公認ですが、実にユルくてイイ感じです。

これらの部活動は完全に出入り自由。参加するにせよしないにせよ、「なんだか社内で面白いことをやってるな」というのは社内SNSを通じてみんなが知っています。

これは結果論ですが、一緒に働く仲間の素顔や人となりを、仕事以外の場でも知ることで、より仲間との絆が強まり、仕事にも好影響が生まれる気がします。

デライトは会社を「仕事を通じて人生を楽しめるプラットフォーム」にしたいと考えているので、部活動もその楽しむ場のひとつとして、積極的に支援しているのです。

❸対話型の社長研修「哲学カフェ」

仕事以前に、人生の悩みを問答する

普段なんとなく抱いている疑問、仕事や人生における悩みなど、社長に直接ぶつけてみましょう！　思わぬ切り返しに、誰もが目からウロコ!?　問答を通じて、自分自身や会社への理解を深め、「DELIGHT！（楽しむ、楽しませる！）」な人生を実現しましょう！

デライトの社内制度の中でも、ユニークといわれる制度に、対話型の社長研修「哲学カフェ」があります。普段の仕事から少し離れて、仕事のことはもちろん、人生の悩みを「社長と問答する」という機会です。

きっかけは、コロナの中で、毎週行っていた会議ができなくなったことでした。情報共有や会議のあり方が大きく変わり、事務連絡は社内ＳＮＳで済んでしまうようになりました。オンラインでの情報共有に慣れてしまうと、今まで膨大な時間を費やしてきた「会議」とはいったい何だったのか？　考えざるを得ませんでした。

ほとんどの業務連絡がオンライン化する中で、「会議」「研修」の意味を私なりに考えました。その結果、たどり着いたのが、「リアルの意味の追求」→「ライブ」→「問答方式」→「哲学カフェ」でした。

音楽の世界では、もう随分前からCDが売れなくなり、気軽にストリーミングやサブスクで音楽が楽しめる時代となっています。その中で、ミュージシャンが力を入れたのは、生で観客と向かい合う「ライブ」でした。

なぜ、「ライブ」なのか? おそらく、人間は「臨場感」「即興性」「双方向性」といった「その場で生成されるもの」「予想不可能なもの」が好きなのだと思います。それを生で聴きたい、目撃したい、参加したいという好奇心・本能的な欲求がある。

スポーツ観戦も同じです。録画ではなく、「リアルタイム」「今、ここ」で起こっていることだから、余計に面白い。

ミュージシャンやスポーツにおける「ライブ」と同様、「その場で生まれるもの」「予想不可能なもの」こそが、オンライン化するビジネスにおいても、最後までリアルで残すべき要素なのではないか? それを会議や研修において表現するとどうなるか? 私なりの答えが「問答方式」でした。

「問答方式」というのは、実はかなり歴史のある思考形態です。哲学の歴史をさかのぼると、起源は問答に行きつく。古くは孔子やソクラテス。弟子が師匠に「○○は×ですか？」と聞き、師匠が弟子に「否。○○は△△である。なぜなら□□だからである」と結構うまいことを言う。このやりとりが面白い。

講義形式だと話が一方通行になりがちなのに対し、問答形式だと双方向のやりとりになるのがいい。話に納得できなかった場合、「えっ、それはなぜですか？」と弟子からツッコミが入る。それに対して師匠から「愚か者、それは※※だからじゃ」と、思ってもない視点からの返しが来る。言われた方も「ありゃっ？」と、目から鱗《うろこ》が落ち、なんだかスッキリした気分で帰っていく。ここにシビれる。

振り返ってみると、私は昔から「一方通行」の学校の授業があまり好きではなく、むしろ人とディスカッションしたり、自分のペースで本を読みながら「自問自答」することの方が好きでした。どうも、「問い→答え→問い→答え」というパターンや、「思わぬ切り返し」「一言で言えない」「ユーモア」というのが自分の思考と嗜好に合っているようなのです。

「問答方式」の何がいいかって、本人の問いの大きさに合わせて、また、質問者がどういう状況なのかによって、答えが変わってくること。小さく打てば小さく鳴り、大きく打てば大きく響く。対話する中で、相手の性格やテンション、能力もわかってくる。答える方としても「なんでそんなこと聞くの?」「そんな発想なかったわ」とか、逆に興味が持てたり、笑えたりして面白い。一人では決してたどり着けないコラボレーションの妙。まさにライブ。

その「問答方式」を使って、社員の人生の悩みを問答するというのがデライトの「哲学カフェ」です。「哲学」というと一見、難しそうですが、本来、「知を愛する」「考えることを楽しむ」ということですから、つまりは「みんなで考えようの会」。

なぜこんなことをやろうと思ったかというと、多くの人の「仕事の悩み」を聞いていると、実は仕事以前に「人生の悩み」であることの方が多い。そして、人生の悩みというのは、大抵、「モノの見方」のオプションが少ないことに起因するのではないか? というのが私の仮説でした。

「モノの見方」のオプションが少ないとは、視点の少なさ。つまり、1つのカメラ=「1カメ」で世界を見ているということ。映画やドラマでもそうですが、1カメだけで撮影したものは大抵、退屈になりがち。やはり、引きの映像があったり、アップがあったり、ドローンからの空撮があったり、アングルが変わるから映像作品は面白い。

思考も同じで、どれだけいろんな角度からモノを見れるかが大事。その角度が多いほど、物事を立体的に見ることができて余裕が出てくる。多くの人の悩みは、そもそもの「モノの見方」が少なくて、躓《つまず》いていることが多い。それを解決するには「モノの見方」を増やす（カメラを増設する）しかない。その最良の形式としてたどり着いたのが「問答方式」でした。

昔は地域コミュニティの中心にお寺があり、村人がお寺に集っては住職に人生の難問を相談することがあったといいます。住職から、時には「鋭く」、時には「ゆる〜く」、思ってもない返しがきて、「俺、すごい小さいことで悩んでたな」と、なんだか笑えて帰っていく。そんなイメージ。

10名ほどの参加者が車座になり、順番に社長に聞いてみたいことを聞く。カフェのようにリラックスして「仕事の悩み」「人生の悩み」について「雑談」しながら考える。職場や年代が近いので同じような悩みも多い。ツッコミ満載、脱線上等。他人の悩みを聞くのもまた乙なもの。子育て、夫婦、親、時間、お金の使い方など、人間らしい悩みの数々。笑いの中に涙あり。まさに人生劇場。

この形式が「哲学カフェ」という形に収斂《しゅうれん》され、マネージャーだけでなくチーフ、一般社員、新入社員まで実施されるようになりました。

そもそも、子どものころは、誰もが好奇心に満ち、「なぜ?」と疑問を持ち、毎日、新鮮な気持ちで世界を見つめていたと思います。それが大人になる中でいつしか型にはまり、「そういうもんだ」という形式主義に陥るようになる……。

そういう、「思考停止」が自分はあまり好きではないのだと、仕事をする中で思いました。そして、そうやって根本的に考えること自体が面白いし、人生を楽しく過ごすコツではないか? と思うようになったのです。

そういう考えが結実し、デライトでは経営理念の中の「バリュー(価値観・行動指針)」でも、「気づき、考える組織」というのを掲げています。これは、会社がミッション・ビジョンを実現すると同時に、社員本人が幸せになるために、大事な考え方だと思っています。

気づき、考える組織

子どものころのように、興味・関心・好奇心を持って、よく見て、気づき、考える。一般論に流されず、違和感をセンサーとし、自分自身に問いかける。知恵は内部からあふれ出す。だから楽しい。だから尽きない。

「哲学カフェ」では普段のビジネス社会では「あたりまえ」とされていることや、仕事以前の人生について、「なぜ？　なぜ？」と、子どものように対話しながら考えます。

基本的に私はこの研修のために特別な準備はせず、「丸腰」でその場に行って、みなさんとの対話を楽しみます。そこから思いもよらないコミュニケーションや考えが導き出される。対話する中で答えが見えてくるかもしれないし、見えてこないかもしれない。でも、そのプロセス自体が大きな気づきや学び（ときには癒し）となります。

一方通行の講義形式と違い、自らの問いを発火点に展開される哲学カフェが面白くないはずがありません。たわいのない雑談、人生相談をするだけなのに、なんだか笑いに包まれる。少しだけ心が軽くなる。深刻な悩みが和らぎ、世界がちょっと違って見える。

この「問答方式」「哲学カフェ」の形態はコロナの中で生まれた一つの「発明」ではな

かったかと感じています。

哲学カフェのやりとり例（抜粋）

Q. YouTuberの人たちを見ると、楽しいことをやってたくさん稼げてうらやましく思います。私もどうやったらあんな成功者になれるのでしょう？（20代男性）

A. 物事にはいい面と悪い面がありますが、おそらく○○さんはYouTuberの華やかな面だけを見て「うらやましい」と思っているのだと思います。それだったら、一度やってみたらどうでしょう!? やってみて、本当に「楽して稼げて最高！」ということであればそのままYouTuberになってもよし、「いや、これはこれで意外と大変だな」と気づけば、それはそれで学びとなる。また、○○さんの言う「成功」とはそもそもどういうことなのでしょう？ 物事はミクロで見るかマクロで見るかで全く異なります。短期的に人気が出るのと、長期的に信頼されるのでは全然違います。私の場合、短期的にバズるより、じっくりコトコト煮込む方が好みです。これは人それぞれなので、○○さん自身が何を望み、どういう人なのか、ご自身をよく知ることが大事じゃないでしょうか。

Q. 私は予想外のことが起こると余裕がなくなり、イライラしてしまい、仕事もプライベートも雑になりがちです。スッと心が落ち着くようなコツがあれば教えてください。また、それらのストレスに対し、現在のコロナ禍でオススメの発散法があれば教えてください。（40代男性）

A. ひとまず落ち着いてください。個人的には「発散」というのはあんまり好きではなくて、どちらかというと根本解決したいタイプです。そうしないとまたぶり返すからです。なぜ、そうなってしまうのか、一度じっくり考えて、根本をたどる。その上で、コントロールできることと、できないことを分けて、できないことはスッパリあきらめる。要はその線引きじゃないですかね。〝あきら〟めることは〝あきら〟かになることなので、結構ポジティブなことだと思います。あと、コロナっていうのはあまり関係ないと思いますね。それこそコントロール外のことなので、どんな状況でも、自分がどう考えるかじゃないでしょうか。

Q.モチベーションを高く維持するために必要なことは何でしょう？（20代男性）

A.モチベーションが低いと結局、自分が損すると気づくことじゃないですかね。あとは、置くべき場所に自分を置くこと。そうすれば「どうしようもなく」上がってくると思います。

Q.「気合を入れるぞ！」って時に社長は何をしますか？（20代女性）

A.そもそも、あまり気合を入れないですね。個人的には気合を入れすぎない方が上手くいくと思っています。リラックス！

Q.社長のおすすめの本を教えてください（20代女性）

A.これはわりとよく聞かれる質問なのですが、まず、ご自身が何に興味があるかが大事じゃないでしょうか。正直、万人へのおすすめというものはないと思います。それぞれが読みたいものを読めばいい。私の場合、自分なりに知りたいこと、考えたいことがあるから本を読みます。つまり、「問いがなければ答えはない」。○○さんは何に興味がありますか?

Q. 本が読めない人はどうすれば読むようになりますか? この本なら必ず読むようになる! という本があれば教えてください。(30代男性)

A. 無理して読まなくてもいいんじゃないですか。読みたい人が読めばいいと思います。○○さんは、なぜ本を読みたいのですか?

Q. 私は老いを止めるために美容関係で自分に投資しているのですが、社長が自分に投資していることはありますか? (20代女性)

A. いわゆるアンチエイジングというやつですね。いいと思いますが、最終的には老いを受け入れないと矛盾すると思います。なぜなら自然に反しているから。個人的には、老いとどう折り合いをつけていくかの方に興味があります。

Q. おすすめのデートスポットを教えてください（30代男性）

A. 彼女できたんですか!?

「哲学カフェ」で繰り広げられる内容は、このように本当にたわいのない会話です。しかし、この、「たわいのなさ」が大事。「一見役に立たないことこそが結局、仕事で役に立つ」。

ここでは、内容以上に、「コミュニケーションが成立している」ことの方が重要。ある意味、「心のマッサージ」。ここには「人間対人間」の交流があり、すべてが個別で、ケースバイケース。究極の「複雑なものを複雑なまま取り扱う」手法。それぞれの事情を一人ずつ「聴く」「話す」「目撃する」「共有する」こと自体に意味がある。

各質問には、ストレートに答えることもあれば、問いで切り返すこともある。中には「質問のための質問」をする人もいて、そういう人は結局「聞きたいことがない」状態なので、わりと塩対応（なぜなら「問いがなければ答えはない」から）。相手が本気なら、私も本気で答えます。

「社員からの問い」に答えることは、結果的に、社内にトップの考える「モノの見方」を伝えていくことにもなります。また、「自分以外に様々なモノの見方がある」ことを知らせ、「見えてない視点がある」ことに気づかせ、「今まで考えたことがなかった」ことについて考えさせるきっかけにもなります。

言っていること（内容）だけでなく、言い方や切り返し（振る舞い・あり方）についても見て感じていく。他のメンバーが何を問い、どうリアクションしていくのかを見ていく。そうしたやり取りの中から新たな自分自身に気がつく。

一方的な講義形式では「伝わらない種類のこと」があり、こういうやり取りや、他者の対話を目撃する中で初めて「気づくこと」がある。ここに「問答方式」「哲学カフェ」の神髄がある。

組織のユニークさとは結局、経営者と社員、所属するメンバー自身のユニークさに由来すると思います。それ以上でも以下でもない。そして、そういう個人のユニークさとは、普段の生活で「よく見て、気づき、考える」ことからしか生まれないと思います。まさに生き方そのもの。「思考停止で一般論」からは「普通のこと」しか出てこない。その「気づき、考える」ためのセンサーが違和感であり、疑問や質問だと思います。

コロナが落ち着いたら「火を囲んで」「コーヒーを飲みながら」「森の中で」「リアル・哲学カフェ」を実施したい。「気づき、考える」ことがいかに人間の独立自尊にとって重要なことか。そういうモノの見方やバリエーションを広めていきたいと考えています。

「哲学カフェ」は会社という既成概念を超えた、ある種のコミュニティであり学校であり、人間対人間の対話の場である。これは、ローカル社会における、これからの会社の新しい可能性を秘めているのではないか？　少し大げさですが、そんな面白さ・可能性を感じているのです。

❹情報共有・コミュニケーション

SNS嫌いの社内SNS好き

何かとSNS全盛の時代ですが、私個人としてはFacebook、Instagram、Twitterといったsnsは好きではなく、ほとんどやっていません。「つながりすぎる世界」というのがウェットでノイジーで、あまり好みではないのです。

でもリアルな知人による、クローズドで適度なつながりというのは上手くやればわりと面白い。社内SNSのような「閉じたつながり」は、やり方によっては非常にいいコミュニティになると思っています。ただし、前提としてリアルの関係が良好であること、参加があくまで勝手連であることが重要。

強制や義務感というのは、なにしろ疲れる。みこしは自ら担ぐもの。みこしを担ぎ始めた者の中から自ずとリーダーが現れる。それが自然な成り行きだと思います。

デライトでは、社内SNSを使って日常的に「空気のように情報共有」をしています。それも、店単位・部門単位ではなく、全社的に、リアルタイムに、ピンポイント（個人単位）に。

なぜ、情報共有が大事かというと、人間、意味や目的や全体像がわかって、初めて創意工夫、先回りができるからです。それにより、自分でコントロールしている感覚が生まれ、やる気が出てくる。それがないと、仕事が「作業」「部分」「他人事」となり、「本気」が出ない。

これはサラリーマン時代の私の経験を反映しています。大きな会社で意味目的が不明なまま「とにかく数字を上げろ」と言われてもやる気が出ない。しかし、小さな会社で全体像が見えると、とたんに工夫するようになる、勝手に数字を上げるようになる。人間とはそういう生き物だと思います。

■業務のためのSNS

デライトの情報共有がユニークなのは、ただ社内SNSを使うだけでなく、「業務のためのSNS」と「組織文化のためのSNS」という、2つのSNSを使い分けていることです。

「業務のためのSNS」は部門ごと、チームごとの部屋があり、日常的な仕事の連絡に使っています。各店の成功事例・失敗事例の共有や、部門統括からの指示・連絡・

アドバイス、それに対するみんなのリアクションが日々飛び交っているのです。

これらの情報へのアクセスは新入社員含め、全社員が可能。情報を一部で独占しない。全員が同じ情報を取れることで、「自ら考えられる人」はどんどん先回りして成長していく。「よく見て、気づき、考える」ことで、成長が加速する。

誰でも発言してOK。それに対してリアクションがバンバン付く。しかもいろんな絵文字を使ってにぎやかな反応がある。社内文書のような堅苦しい言葉遣い・意味のない緊張感はなし。

会社によっては社内がピリピリしていて、出勤の時に「いつもの自分とは違う仮面をかぶって出勤する」「帰ったら仮面を脱ぐ」ようなことがあるそうですが、それは自分の感覚では非常にキツイ。

ユーモア、笑い、ボケ、ツッコミ、リアクションなど、カジュアルなコミュニケーションがあたりまえ。仕事の中にライフがある。業務と言えど、楽しくないとダメ。それがデライトの「あたりまえ」な考え方です。

■組織文化のためのSNS

もう一つ、「組織文化のためのSNS」があります。これは、社内制度をベースとしたSNSで、デライトが活用しているのは「TUNAG（ツナグ）」というクラウドサービスです。ここでは、デライトの全ての社内制度が一覧化されている他、全社員の所属とプロフィールが見えるようになっており、どの店にどんな個性を持った人がいるのか、誰でも知ることができます。

一緒に働くメンバーがどういう人なのかを知っているというのは想像以上に大事なことです。業務と直接関係のないことも含め、社内の雰囲気・ニュアンスを知ってもらうこと。一緒に働く仲間の個性や人間性が垣間見られるようにすること。ある種、雑談や冗談のようなことも含まれますが、そういうたわいもない内容の方が、人柄がわかり信頼や相互理解を生むと思っています。

プロフィールには「入社したきっかけ」や「趣味」など、プライベートなこともわかるようにしてあり、例えば、「〇〇さんはフライドチキンが好きなんだ」とか「〇〇くんは若いのに山口百恵のファンらしい」とか「えっ、〇〇さん、ヘビメタ好きなの!?　意外！」とか、まさに「どーでもいい」情報が満載です。でも、それがいい。

繰り返しますが、「一見役に立たないことこそが結局、仕事で役に立つ」。みんな、なかなか面白いことを書いてくれます。「人となり」が見えるのが社内ＳＮＳのポイントだと思います。

この社内ＳＮＳでは、「部活動報告」「研修報告」「産地視察」「ＤＥＬＩＧＨＴ！な出来事」など、社内で起こるイベントはもちろん、近隣のオススメ飲食店を紹介する「デライト食べログ」、楽しかった休日について共有する「私の休日」「三連休制度」など、社員のプライベートな情報も毎日のようにガンガン投稿されていきます。いつも一緒に働いている人たちの情報だからついつい覗きたくなるし、自分も投稿したくなるのです。

図らずして、仕事とプライベートがナチュラルに混ざり、「会社のコミュニティ化」が起こっている。まさに「ワークライフバランス」ならぬ「ライフインワーク（？）」。これって本来、人間らしく、すごく自然なことだと思うのです。

しかし、これができるには、バーチャルのＳＮＳ以前に、リアルで「よい組織文化があること」が大前提となります。ここをおろそかにしてＳＮＳだけ始めても、どう頑張っても盛り上がらない。また、どのツールを使うかよりも、それを使って何をしたいか、どう使うか、の方がずっと大事。

そういう自社独自のイメージがないまま見切り発車でとりあえず始めてみても、むしろ、ぎこちなさ、会社の「悪いところ」が「モロ見え」になってしまい、盛り下がりまくった「SNSツンドラ地帯」になりかねない。それを無理矢理盛り上げようとしても、「社長、さむっ！」と「ピエロ」になってしまい、余計にみんな冷めていく……（想像するだけでも恐ろしい！）。

だから、社内SNSを含めてすべての施策は「流行っているから」とか、「他社でやっているから」と言って「ただ導入すればいい」ということにはなりません。「あえてやらない」ということも全然あり。人も会社も「柄にもないことはうまくできない」。

戦略は「自社に合っているか」どうかが全てで、それは会社ごとにケースバイケース。ヘタに真似すると「大ケガをする」。だから真似できないし、すべきでない。自社独自の戦略をつむぐためには、自社独自のコンセプトを真剣に考えなくてはならない。己を知らなければならない。それが戦略の面白いところだと思います。

クリエイティブについての誤解／クリエイターの性《さが》

第三章で書いたように、私は、20代後半、広告やクリエイティブの仕事に携わりました。その期間は短く、見習いみたいなものでしたが、そこで見聞きしたことは自分にとって大きな財産になっています。

スーパーマーケットの経営者で、クリエイティブ関係を経験している人はあまりいないと思います。普通に考えると、スーパーマーケットには全く関係ないと思われるキャリアが、自分にとってはものすごく役に立ち、独自のポジションを生み出している。やはり、「一見役に立たないことこそが、結局一番役に立つ」。つまり、人生、何が役に立つかわからないから、好きなことをやればいい。アントニオ猪木風に言うと、「迷わず行けよ、行けばわかるさ」。そうすれば、振り返ったら「どうしようもなく」自分独自のキャリアができている。

世間では、クリエイティブとかデザインというと、どうも、「カッコいいもの」「オシャレなもの」「奇抜なもの」を作ることだと思っている方もいますが、私の考えでは違います。

クリエイティブとかデザインというのは、元々あるもののよさ・独自性を、正しく「見える化」してあげるもの。大事なのはその対象の本質をとらえて、ビジュアル化するということと。だから、会社や商品によって必要なクリエイティブは全く異なります。表面的に「カッコいいもの」「流行っているもの」を真似したって全く意味がない。それは二流のデザイナーのすることだと思います。どんなにオシャレなビジュアルを作っても、会社の中身とチグハグなものだったら害でさえある。大事なのはその会社の必然性・文脈を理解して「誰に、何を伝えたいか」を考えて表現されたものか？　ということ。

そういう意味では、経営理念やコンセプトというのはまさに経営者自身による「言葉によるデザイン」だと思います。経営理念やコンセプトは経営者本人が思考し、練り上げ、言語化することが大事だと思いますが、ビジュアルについてはプロとの協業（コラボレーション・対話）が重要になってきます。デザイナーはビジュアルのプロではありますが、経営者以上にその会社の文脈や商売をわかっているわけではないので、経営者がしっかりとコミットしていくことが大事になります。

クリエイターはその成り立ちからして、どうしようもなく面白いことが好きな人たちなので、お任せすると、どうしようもなく珍しいこと・新しいことをやりたがる。それはそれで素晴らしいのですが、経営者としてはビジネスとして成立しないものは「持続可能でない」わけで、当然「それ、儲かるの？」と経済合理性を重視する必要がある。儲からないものは単なる自己満足・趣味になってしまうからです。

ただ、経済合理性だけで考えすぎるとクリエイターの感性が委縮して生きてこない。クリエイターには楽しくのびのびとやってほしい。なので、その匙《さじ》加減。正解はない。「中長期的に会社にプラスの効果を生み出し、しかもクリエイターが面白がってノリノリでやれるライン」を探す。そこが面白い。こういう、正解のないこと、数値化できない世界、クリエイターとの付き合い方において、プロデューサー時代の経験が生きてくるわけです。

シンボル・アイコンとしての「クックマ」

さて、経営理念とコンセプトを言語化した私は、いよいよビジュアル面に着手したいと思いました。COOK MARTの英語ロゴは東京時代の知人のグラフィックデザイナーにデザインしてもらい、元々あったカタカナロゴから進化した、私の時代を象徴するロゴになりました。

このロゴは、上下にも重ねて組み合わせることもできるし、横に展開することもできる。クックマートの「場としての活気」や「のびのびした自由さ・楽しさ」、「秩序とカオスの画面」が表現されていて、とても気に入っています。カッコよすぎず、かわいすぎず、絶妙にクックマートらしいのです。

このロゴを中心に、店の内外装にも基準を設け、統一感が生まれ、だいぶブランドイメージが固まってきました。しっくりくるＣＩ（コーポレートアイデンティティ）を整備するというのはとても大事なことだと思います。

次はいよいよ私の本職であった、キャラクターを作りたいと思うようになりました。なぜキャラクターが必要だと思ったか？　キャラクターはある意味、「会社の擬人化」であり、会社の「人柄」をわかりやすく「見える化」することだからです。いいキャラクターがいると、社内的にも、社外的にも、「顔」となり、愛着が湧き、統合の象徴＝シンボルになります。

でも、本職だったからよくわかるのですが、「いいキャラクターを作る」というのは相当難しい。「ただ作ることは簡単だけど、いいものを作る」のはかなりの難易度です。

ただ「かわいい」だけでもダメ、「カッコいい」だけでもダメ、経営理念やコンセプトと同様、その会社のユニークさを上手に形にできていないと自己満足になってしまいます。

私は、キャラクターやクリエイティブは、経営者の「エゴや趣味や気まぐれ」で好き勝手に作るものではなく、その会社独自の必然性に応じて、名実ともに「生まれてくる」ものだと思っています。

翻って、スーパーに限らず、地方を見渡すと、いわゆる「ゆるキャラ」があふれています。この「ゆるキャラ」という言葉、今では完全に市民権を得ていますが、元々はあまりいい意味ではありませんでした。クリエイティブの経験のない地方自治体の担当者の方が、限られた予算や上からの指示、「隣町も作ったから、うちも作るか……」など、諸々の「大人の事情」により、作ったキャラクター。

様々な利害関係者に配慮（忖度？）して、名物などの要素を「全部乗せ」した結果、ものすごく要素が多くて統一感のない、ユルユルのキャラになってしまった。つまり、「地方の名産品を無理矢理マスコット化した、いびつなもの」が元来の「ゆるキャラ」です。

その「ダメさ」「哀愁」「トゥーマッチ感」を面白がったのが、サブカルの帝王・みうらじゅん氏（天才！）です。それまで誰も見向きもしなかった、イケてないマスコットたちに「ゆるキャラ」と名付け、光を当てた結果、市民権を得て「人気者」になってしまった。「ゆるキャラブーム」の到来です。その結果、日本では「ゆるキャラ」を作ることにお墨付きが与えられ、「ゆるキャラ」のユルさがむしろ「業界標準」になってしまったという成り行きです。

私も「ゆるキャラ」は嫌いでもないですが、元・本職の意地もあり、クックマートのキャラを作るなら、「ゆるくないキャラ」「本気と書いてマジのキャラ」を作りたかった。「要素分解」して「説明できる」キャラではなく、経営理念・コンセプト同様、考え抜いて、「クックマートのキャラはどうしようもなく、こうなんです、すみません」という「必然性」のあるキャラクターを作りたかった。

いつか、そんな「クックマートらしさ」を体現したナイスキャラを作れないかなぁ……と思っていましたが、こういうのは頭で考えて無理矢理作ってもいいものにはなりません。機が熟すのを待つ必要があります。クックマートにふさわしいモチーフ、クックマートにふさわしいネーミング、クックマートにふさわしいクリエイター……。クリエイティブにはそういう「待つ」ということも重要。そんなある日……「その時」は突然やってきました。

クックマートのある店舗を訪問して、チェッカーの社員とお話ししていた時です。レジ脇にちょこんと飾ってあるクマのぬいぐるみ（クックマートのミニ制服を着たティディーベア風のクマちゃん）が目に留まりました。

私　何これ？

社員　裁縫の上手なパートナーさんが、古くなったクックマートの制服の切れ端を使って、遊びで作ってきてくれたんですよ。クマも、制服も、手作りなんですよ。かわいいでしょ。

私　何でクマなの？

社員　お客さんで、クックマートのことを、「クックマ」と呼ぶ方がいるんですよ。関西人がマクドナルドを「マクド」と呼ぶのと同じノリで。

私　**コレだー！**

社員　ビクッ。

クックマートのキャラを作るならクマが面白い。キャラビズをやっていた経験からして、クマのキャラには人気者が多く、嫌いな人は少ない。「強くて、かわいい」イメージのクマはクックマートにもピッタリ。名前は「クックマ」。ダジャレになっていて、クックマートという社名の中に初めから隠れていて、自然発生した名前というのがイイ！　これはイケる！

コンセプトが決まれば、あとは最適なクリエイターを起用するだけ。当時、ホームページの改装などを一緒にやっていた名古屋のアートディレクターと相談して、このコンセプトを形にしてもらいました。

候補として上がってきたのはA、B、C、D、4タイプのクマちゃん。私はこの中から迷いなく、「この子だッ！」と、瞬殺で今のクックマちゃんを選びました。数値化できない、正解がないものの中から「何かを選び取る」という行為が私は好きです。そういう場面でこそ「直観」が必要になり、そこに個性が表れるからです。

一点、提案時のクックマちゃんは色が真っ黒なクロクマだったのですが、これはクックマートのブランドイメージと違う。もう少し柔らかさが欲しい。色はユニフォームと同じ茶色がいい、ということで、茶色のクックマにしてもらいました（こういうやりとりが個人的には楽しいところ）。

キャラクターは笑ったり泣いたり、わりと表情豊かなものですが、クックマはあえて無表情にしています。表情を付けてないのは「飽きない」ように＝シンボルという意図です。

日常使いで毎日のように行くスーパーにいるキャラは、目立ちすぎるものでもよくない。風景のように馴染み、毎日見ても飽きがこない。でもしっかり個性がある。この難しいラインをクリエイターの皆さんがしっかり形にしてくださいました。

クックマがいることで、クックマートのブランドイメージは、より具体的になりました。クックマートの「楽しさ、かわいさ、真面目さ、面白さ」が「クックマ」というキャラに具現化され、一つの人格となって立ち上がったのです。

これは社内外にいい影響を及ぼしました。例えば、コロナの中でお客様にマスク着用や少人数でのお買い物など、様々なお願いをしなければならない局面でもクックマちゃんは活躍しました。同じことでも、人間が言うより、クックマちゃんに言ってもらう方が角が立たないのです。「クックマちゃんからのお願い」というアニメを制作し、コロナ対策へのご協力とご理解を仰ぎました。

小学生の社会科見学のときは、店舗見学のついでにクックマグッズをプレゼントします。クックマがあまりにも好きすぎて、「卒業記念文集」の「小学校生活の思い出」にクックマのことを書いてしまった将来有望すぎる小学生も出現しました。

社内でもクックマは人気者。社内イベント（会議や研修）にもたびたびクックマの等身大ぬいぐるみ（身長77cm）が参加し、独特の存在感を放っています。その場にクックマがいるだけで和むのです。私は写真撮影や取材の際など、よくクックマを同席させます。腹話術士やMr.ビーンのように、クマの人形を連れている「変な社長」です。

クックマの人気はじわじわと広がっており、クックマが好きで入社してくれたメンバーも増えています。社内SNSのリアクションスタンプでも「イイネ！」「びっくり！」など、クックマのスタンプが飛び交います。完全にクックマートを象徴する「顔」になっているのです。

調子に乗った私は、祭りの「山車《だし》」を出す勢いで、豊橋市内を走る路面電車（通称・市電）をクックマ仕様に仕立て、「クックマ号」として走らせました。最近は「撮り鉄」のみなさんがクックマ号を狙ってシャッターを切る姿をよく目にします。クックマート本社は市電通り沿いにあるので、面接の学生さんなどが「クックマ号」に乗って来社してくれるとそれ自体が体験となり面白いと思っています。

このように、クックマは顧客や地域（外部）に向けてのブランドイメージであると同時に、自分たち（内部）にとっての統合のシンボル、アイコン、象徴となっています。これが「ゆるキャラ」だとここまで愛されない。やはりキャラクターのクオリティというのが重要だと思います。しかし、それは計測できるものでも、正解があるわけでもない。マーケティング的に作るものというよりは、その会社の必然を受けて生まれ出てくるもの。だから簡単には作れない。ヘタに作ると「ゆるキャラ」がもう一体増えるということになる。私はクリエイティブという領域もある種の「魔境」だと思っています。ビジネスという合理的な世界にこういう「魔境」を持ち込んでしまう。ここが「規模・効率」とは違う世界で、これにより「次元がゆがむ」のです。

クリエイティブは、会社のニュアンスをうまくつかめる、相性のいいクリエイターと組めると一気に進みます。ただし、そのためにはこちらに確固たる考えや判断基準がないとダメ。いいクリエイターは相手を選びます。クリエイターが「面白いな」「一緒に仕事したいな」と思ってくれるような、「クリエイターに選ばれるイケてる会社」にならないと、組んでもらえないのです。そのためには自分たち自身がいろんなことを面白がれる「夢中人」であること。クリエイターと一緒になってアイデア出しをし、作っていくプロセスを楽しめること。

クリエイターに限らず、こういう外部を巻き込める「コラボレーション」の技法というのはこれからの時代、一層大事になってくると思います。全てにおいて100%の人はいないわけですから、いかにして外部のイケてる人とコラボレーションしていくか。この辺りは前職のプロデューサーとしての経験が役に立っています。

6

越境／クロスボーダー

さて、こんなふうに、独自の会社組織を練り上げてきたデライトホールディングス／クックマートですが、２０２２年９月、更なる成長発展を目指し、投資ファンド・マーキュリアインベストメント(※)との戦略的資本業務提携を発表しました。

「クックマートと投資ファンド!?」。この意外な組み合わせに驚きや違和感を持った方もいるでしょう。しかし、この「ギャップ」こそが、他社にはなかなかできない、デライトらしい打ち手、新たなる「クリティカルコア」になると思っています。最終章では、我々が何を考えているのか、今回のマーキュリアとの提携の経緯とねらい、今後の展望を披露したいと思います。

※　マーキュリアインベストメント
日本政府１００%出資の日本政策投資銀行を源流とするファンド運営会社で、プライベートエクイティ（非公開企業）投資をはじめ、不動産や航空機など様々なオルタナティブ領域への投資を行っています。クロスボーダーをテーマに、国の壁・心の壁・世代の壁を越えて企業の成長を加速させることを使命としており、既成概念を破って成長する企業、既成要素の新たな組み合わせにより障壁を突破して成長する企業等の成長を支援しています。

第三の道

食品スーパー業界を見渡すと、長期的には、大手スーパーのように「規模拡大・効率重視」の世界に突き進んでいくか、ローカルスーパーのように「地域密着」で独自色を出していくかのどちらかになっていくと思います。

しかし、本書でも再三述べたように、「魔境」を扱う食品スーパーは、「そもそもローカルなもの」であり、スケールとは根本的に相性がよくない。どんなにいい企業でも、大きくなる過程で一店一店が弱くなり、「普通の大きなスーパー」になってしまう、というのが私の仮説でした。

一方で、ひたすらローカルで守りを固めていても、それはそれでじわじわと縮小していってしまう。せっかくいい店づくりをしていても、会社に独自のビジョン・成長戦略が見えないと、採用で人が集まらなかったり、うまくマネジメントできなかったり、大手や異業種との違いが出せなくなったり、長期的には衰退していってしまうように思います。

大きくなるのは性に合わないし、小さいままでも難しい。「大きくなるか、さもなくば死か」＝「どちらにしてもキツイ」＝成熟経済に常に付きまとう課題。そこを突破し、ローカルのよさを生かして、働く人も地域も経営者もハッピーになれるようなモデルを創れないか？　ローカルのよさを保ったまま、新たな成長の機会を模索する、「第三の道」というのはありえないか？　と考えるようになりました。

ローカルでスーパーマーケットを経営していて、私が一番課題だと思ったのは経営陣の強化の難しさです。現場には、いい人が揃っているんだけど、それを取りまとめて仕組みを作れる人が限られる。これは業種にもよると思いますが、多くのローカルで似たようなものではないでしょうか。経営陣を集めようにも、豊橋〜浜松という場所で、しかも食品スーパーで、「面白い経営ができる」と、そもそも思われていない節がある。実際、募集をかけてもミスマッチが多い。そこに現状のローカルスーパー・クックマートの限界を感じたわけです。

スーパーマーケット業界全体を見渡しても、いい会社・強い会社はあるものの、基本的には「スーパーマーケット」というフォーマットの中で事業構想されており、新しい「モノの見方」は提示されていません。ここをブレイクスルーし、「スーパーマーケットで面白い展開があり得る」「『ただ大きくなることを目指す』以外の道がある」と示すことは、業界全体にとっても大事なことではないでしょうか？

「既存の枠組みの中でどっちがデカいか、どっちが速いか」を競う「レースの世界」ではなく、「今までとは違うこと」「モノの見方の転換」をするゲームチェンジャー。ある種、クリエイティブな人たちと、これからの時代に合った「ローカルならではのチェーンストア」を創れないか。それはデライトだけでなく、多くのローカルスーパー、ローカル企業にとっても重要なことではないか？　ローカルに魅力的な企業があり、ローカルで面白い仕事ができることは、これからの日本の社会にとっても重要なことではないか？　徐々に私の妄想が膨らんでいったのです。

マーキュリアとの出会い

そんな中、ひょんなことからマーキュリアインベストメントとの出会いがありました。

「拝啓、ローカルで顕著な成長を見せている御社に興味を持ちました。…（中略）…よかったら一度お会いしませんか？　by 担当・福岡」

それまでファンドとかM＆Aには全く興味がなかったというか、ローカルで「獣道《けものみち》」「己のガラパゴス」を驀進《ばくしん》する我々には、関係ないことだと思っていました。

それまでも、いろんな大企業から手紙が届くことはありましたが、全スルー。そんな私でしたが、マーキュリアからの手紙にはなぜか心が反応しました。「ファンド？　一体どんな人たちなのだろう？　なぜうちに興味があるのか？　何を考えているのか？　もしかしたら、今考えていることのヒントが得られるかもしれない。一度、経験として会ってみるのも面白い」ということで「未知との遭遇」、まさに「宇宙人」に会うような気持ちで会ってみたわけです。

日本だと、ファンドというだけで、みんなやたらと警戒しまくります。「ファンド!?　なんか、悪い人たちなんじゃないの!?」「ファンド!?　乗っ取られないか!?」「ファンド!?　気をつけろよ！」。まさに「宇宙人襲来！」的な扱い（ちょっとカワイソウ……）。

過去のハゲタカファンドのイメージや、金融特有の難しさが相まって、そういう、「とんでもなく怖い」イメージになっているのかもしれません。でも、ホントのところは、みんなあまりよくわかっていない。わかってないままビビっているところがある。それもそのはず、ローカルの人たちからすると馴染みがなさすぎる世界なわけです。

実際会ってみると、マーキュリアの人たちは全然「宇宙人」ではなかった。むしろ、非常に真摯に話を聞いてくれ、事業自体にすごく興味を持っている。「宇宙人」というより「夢中人」。しかも、担当者やメンバーが全員30代と若くて話がしやすい。経営についての話し相手に飢えていた私は、楽しくなり、ついついしゃべり過ぎてしまいました。

マーキュリア側は、当初は数字データでスクリーニングし、「普通の優良スーパーの案件」ぐらいで来ていたのではないかと思います。しかし、一度私が会社紹介のプレゼンをしたら目の色が変わった。「これは面白い」「普通のスーパーではない」ということが即座にわかったようでした。私は大変僭越《せんえつ》ながら「こういう話をすぐにわかること自体、センスがいい」と思いました。この本で書いてきたように、デライトの考えていることは「業界の常識」や「ビジネスの常識」とだいぶ違っている。「魔境」とか言っちゃう。数値化できないことも多い。なかなかニュアンスを理解するのは難しい。中には怒っちゃう人もいるぐらい。ファンドという「合理性の極致」のような人たちが、デライトの経営を「面白い」と評価してくれたのは意外でした。2回目に来たときはマーキュリア側の人数が倍になっていた。これは本気だな、と思いました。

ファンドにもいろいろある

一口に投資ファンドと言っても、ベンチャーキャピタル、再生ファンド、PE（プライベートエクイティ）ファンド、などいろいろな種類があります。いろんな概念がごちゃまぜになっていてわかりにくいのですが、実際には企業の成長ステージによって、投資するファンドの種類が異なる、というのが理解しやすいと思います。

一般の人でも知っている「ベンチャーキャピタル」はその名の通り、優れたアイデアは持っているけれど、事業としてはまだどうなるかわからない、「卵」や「ヒヨコ」段階のベンチャー企業、スタートアップに対して投資するファンド。金の卵を見つけて早めに少し出資して、もし化ければ素晴らしい、というようなイメージ。

反対に、再生ファンドというのは、破綻しかけた会社を経営再建し、立て直すためのファンド。ある意味、病気で死にかけた会社を荒療治で復活させるような感じ。

一方、PEファンドというのは成熟した、実績のある非上場企業（プライベートエクイティ）に対して資本参加をして、「いい会社をもっとよくすること」がメイン。基本的にはきちんと利益が出ている、しっかりした会社にしか投資しない。その目的はいろいろありますが、多いのは事業承継とカーブアウト。前者は、後継者がいないのでとりあえずファンドが引き取って会社を磨き上げ、数年後により価値を高められる事業会社などに売却するというもの。後者は「選択と集中」をしたい大企業の部門や子会社などをまさに切り離して、ファンドが引き取って整理整頓し、数年後に他の事業会社などに売却するというもの。

マーキュリアもジャンルとしてはＰＥファンドになるわけですが、今回の場合は、「成長投資」というのがミソ。私が40代前半と若いこともあり、事業承継にはまだ早い。業績的にも過去最高。しかし、これからの時代を見据えた効果的な「次の一手」を打ちたい。ローカルスーパーの限界突破をしたいと考えていた。そこで、ＰＥファンドだけど、ベンチャーキャピタル的な要素も入れ、デライトの成長発展も見据えて出資するとともに、自らもハンズオンで会社に入り込み、一緒になってデライトの伸びしろを伸ばしていくという座組を考えた。既存株主である私や弟も再出資して、いわば「共同プロデューサー」として一緒に会社を成長発展させていく。つまり、デライト単独では限界があるところを、デライトとは全く違う強みを持つファンドの知見を活かし、デライトの潜在能力を開花させるという試み。それにより、これからの時代に合った、新しいローカルの会社像を提示できないか？　という、私の妄想から始まった新たな実験です。

マーキュリアとのコラボレーション

マーキュリアの過去の投資先を見ると、ほとんどが工業とかメーカーが多かったので、当初、小売のことがわかるのか？　と思いました。しかし、途中から、むしろ小売の素人だからいいかも、と思いました。なにしろ私自身が小売の素人なわけですし、デライトのやっていることも、今までの小売の定石をそのままやるつもりがない。しかも経営するのはあくまでこっち。だからかえって面白いのではないかと思ったのです。

彼らはファイナンスとかサイエンスが得意な人たち。一方でこちらはリアル×ローカル×ヒューマンを扱う「魔境の住人」な上、クリエイティブや独自の組織文化など数値化できない独自の強みがある。ギャップで言えば最高のギャップ。お互いをリスペクトして、きちんと対話ができれば「魔法がかかるぞ」と思ったのです。

ローカルスーパーでファンドと組むという事例は過去にほとんどありません。あっても、完全売却とか、再生案件とか、あまりいいイメージはない。でも、事例がないことは「クリティカルコア」「キラーパス」になり得る。

コラボレーション、越境は、ギャップがあればあるほど面白い。同じ業種や同じ地域で固まっていても「いつもと同じ」。なるべく遠くの人と付き合うことで面白いことが起きる。これは「越境者」たる私の性分に合っています。

ディスカッションをすればするほど、「成長手段としてのファンド」というのは合理的で面白そうに思えました。逆に、「なぜ、成長手段としてファンドと組むという事例がこんなに少ないんだろう？」と疑問に思ったぐらいです。私なりに考えたところ、恐らく、ファンドと組んで共同経営していくには、事業会社の側に、ファンドの合理性と対話できるだけの、強い「個性」や「ビジョン」が必要、ということだと思います。

事業会社・経営者にしっかりとした個性がない限り、独自の意思決定やアイデアが出てこない。ファンドに「どうしましょう？」とお伺いを立てることになる。その場合、仕方ないからファンドが「一般論」「ベストプラクティス」を持ってくることになる。「一般論」を繰り出し続けると、他社との違いはなくなり、同質化し、長期的には儲からなくなる。だから、組んでもうまくいかないことが多いのではないか？ 要するに、意思決定の主体を事業会社が放棄し、ファンドに頼り過ぎてしまうというパターンです。この場合は「どうしようもなく」うまくいかない。

しかし、デライトの場合は「明確なイメージはあるものの、それが諸々の制約によってできていない」状態だった。「ああしたい・こうしたい」はむしろ明確。そういう課題やイメージがあった上で、ファンドと組むというのは課題解決の手段として非常に合理的だと思ったのです。

マーキュリアのメンバーは、デライトに興味を持ち、声をかけてくれた、メイン担当の福岡さんはじめ、実働部隊は全員30代。うち二人は平成生まれという若さ。

事業投資部門トップの小山さんは日本のPE投資黎明期から活躍されている、日本の投資業界の第一人者。経験豊富なスゴイ方なのに、とっても話しやすいナイスなオジサマ。代表の豊島さんは日本政策投資銀行出身で、思想家のような独特な雰囲気がある。世界銀行に出向されていたこともあり、グローバルな視点を持ったファイナンス界の重鎮。今まで会ったことも話したこともないような「バリバリ」の人たちに囲まれて、「めっちゃ面白いな」と思いました。

さらに、マーキュリアの経営理念は「クロスボーダー」（私はこれを「魔境への越境」と勝手に深読み）。そして、マーキュリアのアドバイザーには、まさかの楠木建先生。先生の主著『ストーリーとしての競争戦略』は私がデライト入社直後に読んで大いにインスピレーションを受けた本。先生の本は大好きで、全部読んでいた。「これは、縁があるな」と思いました。マーキュリア側としても強い運命を感じてくれたようでした。

　ＰＥファンドやＭ＆Ａの本を読むと、ファンドとの提携をする際には「ファンド同士を比較して、最もいい条件を引き出せ」みたいなことも書いてある。しかし、私は、どことも比較せず、いきなりマーキュリアと組みました。なぜなら、ファンドと言えど、結局は人間関係でしょ、相性大事でしょ、タイミング大事でしょ、と思ったからです。いくら数字面でマーキュリアよりよい条件を出してくるファンドがあったとしても、一緒になったあと、上手くいかなかったら元も子もない。私にとっての最優先事項は「デライトの次の段階の成長」。私は、「デライトを面白い」と最初に目を付けたマーキュリアのセンスとメンバーの人柄に賭けました。顧問の弁護士や会計士は心配しましたが、私は「信用」することも能力だと思ったのです。

　自分が10年かけて会社を磨き上げてきて、今40代前半。これからマーキュリアと組んで5～10年、会社を更に磨き上げて次のステージを目指すのは悪くない。というか面白そう。私が気力体力充実しているバリバリの時期にファンドと組むというのは、個人としても会社としても貴重な経験となるだろう。自分流の経営をファンドや世の中がどう評価するのか見てみたい。大事なのは「ワクワクするかどうか」。自分の得意なことに、よりフォーカスし、コラボレーションできる人を増やし、将来のデライトに相応しい体制を作っていく。ビジネスだから、上手くいくかどうかはわからない。でもやった方が面白い。マーキュリアとの提携は、最終的に、私の直観で決めました。

自分があるからコラボレーションできる

ファンドが投資するにあたってはＤＤ（デューデリジェンス）というプロセスがあります。財務、法務、労務、ビジネスなど、あらゆる角度からいろんな専門家が来て、よってたかって会社のことを調べるのです。先方としても変な会社に投資してしまったらマズイことになるので真剣です。

私はデライトがキレイな会社であることに自信があったので、「どうぞ見てください」という感じでした。そして、気づいていない課題や問題があればむしろそれは「伸びしろ」なので改善していけばいいと思っていました。

ビジネスのインタビューは非常に面白かった。コンサルタントや税理士など専門家が20人ぐらい来て、ぐるりと私を取り囲み、2日間かけてロングインタビュー。これに答える中でより自分の考えもはっきりしていく。自分たちが普通にやってきたことが専門家からすると驚きだったり、逆に、こちらからすると「小難しいこと言うなぁ」、と思ったりする。そのギャップが面白い。言ってみれば、エリートVSマイルドヤンキーによる大相撲。はっけよい、のこった、のこった！

インタビューを受けるというのは気づきも多く、自分たちがやってきたことが改めて整理でき、自己認識が深まる。こういう「ボーダー上」のやりとりは鍛えられる。まさにクロスボーダー。普通は「大変」とされるデューデリジェンスも、デライトでは関わった人が、新しい経験としてみんな「楽しんで」いた。これはさすがＤＥＬＩＧＨＴ（楽しむ、楽しませる！）の社風だと感心しました。

コラボレーションが生死を分ける

私は前職の経験から、「全てを自前でやるというのはナンセンス」というのが染みついています。例えば、CM制作。監督たるクリエイターを見つけたら、カメラマン、俳優、メイク、衣装、小道具、ロケハン、音楽、ナレーター、CG制作など、その作品に合った人を見つけてきてチームを作りコラボレーションする。全て自前で抱えるなんてことはあり得ない。クリエイティブの世界ではコラボレーションというのはむしろあたりまえ。そうじゃないとできない。

それが、一般的な会社になると、「全てを自社でやらないといけない」「自社でできないことはやれないこと・やらないこと」と思い込んでいるところがある。しかし、自社でできることには限りがある。ローカル企業ならなおさらです。

これからはその会社独自の理念・コンセプトがあった上で、外部を巻き込んだ「いいコラボレーションができるか否か」が生死を分けるような気がします。むしろ、「自分で持っていない」ということは「誰とでも組める可能性がある」ということであり、大手にはない強みとも言えます。

元々プロデューサーである私は外部とのコラボレーションに全く抵抗がない。むしろ、好き。今までもクリエイターを中心に外部とのコラボレーションが効果を生んできた。今後はその領域をクリエイティブ外にも押し広げていく段階だと考えたのです。

しっかりとしたコンセプトがあった上でのファンドとの協業は多くの偶発性、プラスの効果を生むと考えます。自分たち（ローカル×スーパー）だけでは行けないところへ行けるようになり、確実に世界が広がる。何より、優秀な人たちと仕事ができるのは面白い。大事なのは経営における「ボケとツッコミ」。私が全力でボケるのでファンドには盛大にツッコんでいただきたい。

ファンドと組むときの注意点ですが、彼らは頭がよく、ロジカルで、専門分野のことは得意ですが、だから商売のことをよくわかっているかというとそうではない。そこを変に期待するとボタンの掛け違いとなります。

私は、食品スーパーはそもそも「魔境」だと思っているので、初めからそんなに簡単にわかるわけがないと思っていました。そんなに簡単だったら、我々の存在意義がない。むしろ、合理性に染まらないように、ファンドに「魔境の論理」を説明することが大事。商売全体の統合はあくまでこちらの仕事。その上で、「この部分どう思う？」とか「こういう専門家いない？」というように、部分について相談したり、サジェスチョンをもらうスタンス。あくまで主体はこちら。この「甘えすぎない」関係が大事だと思っています。

だから、ファンドからの提案も是々非々で検討します。ファンドからはわりと「合理的」で「ベストプラクティス」な提案が来る。それに対して、やるのか・やらないのか。やらない場合はなぜやらないのか、都度フィードバックしてコミュニケーション・相互理解を深めていく。そして、こちらの優先順位とファンドに期待することを明確にしていく。

ファンドと組むと「言いなりになってしまうのではないか?」と勝手に「怖い」イメージを持っている人も多いですが、そんなことは全くない。少なくともマーキュリアはそう。大事なのはこちらに判断軸があって、いいか悪いかをジャッジできること。それがないと、ファンドが言うとおりのジャッジをするしかなくなる。その責任は事業会社にもあると思います。

今回のマーキュリアとの提携は、外部との交流も少ない多くのローカルスーパーからすると「非合理」に見えるかもしれません。しかし、デライトにとっては「合理的」で「必然」。うちとマーキュリアであればいいコラボレーションになる。散々考えてこの手に至ったわけです。

人を幸せにする新しいチェーンストアの創造

さて、ここまでいろんな話をしてきましたが、これから時代背景は大きく変わっていきます。国土交通省が発表している「鎌倉時代からの人口推移」というマクロ視点のグラフを見ると、2008年を境に日本の総人口は減少に転じました。高齢化率は人類史上、経験したことがない割合に上昇。今後、さらに加速していきます。明治維新以降、この150余年の人口増加が極めて特異な「ボーナステージ」であり、これからの数十年がその「逆回転」の時代になること、今はまさに「人口減少ジェットコースター」が一気に下り始めた、極めて特殊な段階だということがわかります。

人口減少にはいい点も悪い点もあると思いますが、大きな変化となるのは間違いありません。これからの「高度成長・人口増加期ではない」時代の経営戦略をどう描くのか？今までと同じ成功パターン、スーパーで言うと「チェーンストア理論で規模拡大・効率追求」というのは、なかなか難しくなるのではないか。新しい成長モデルを描く必要を感じています。

こういうときに立ち返るのがやはり会社の「本性」である経営理念、その中でも最も射程の長い「ビジョン」です。デライトのビジョンは「人を幸せにする新しいチェーンストアの創造」。これは私が入社してかなり初期に設定したものですが、当時から「現状のチェーンストアへの違和感」を持っていたということになります。

『少子高齢化と人口減少』

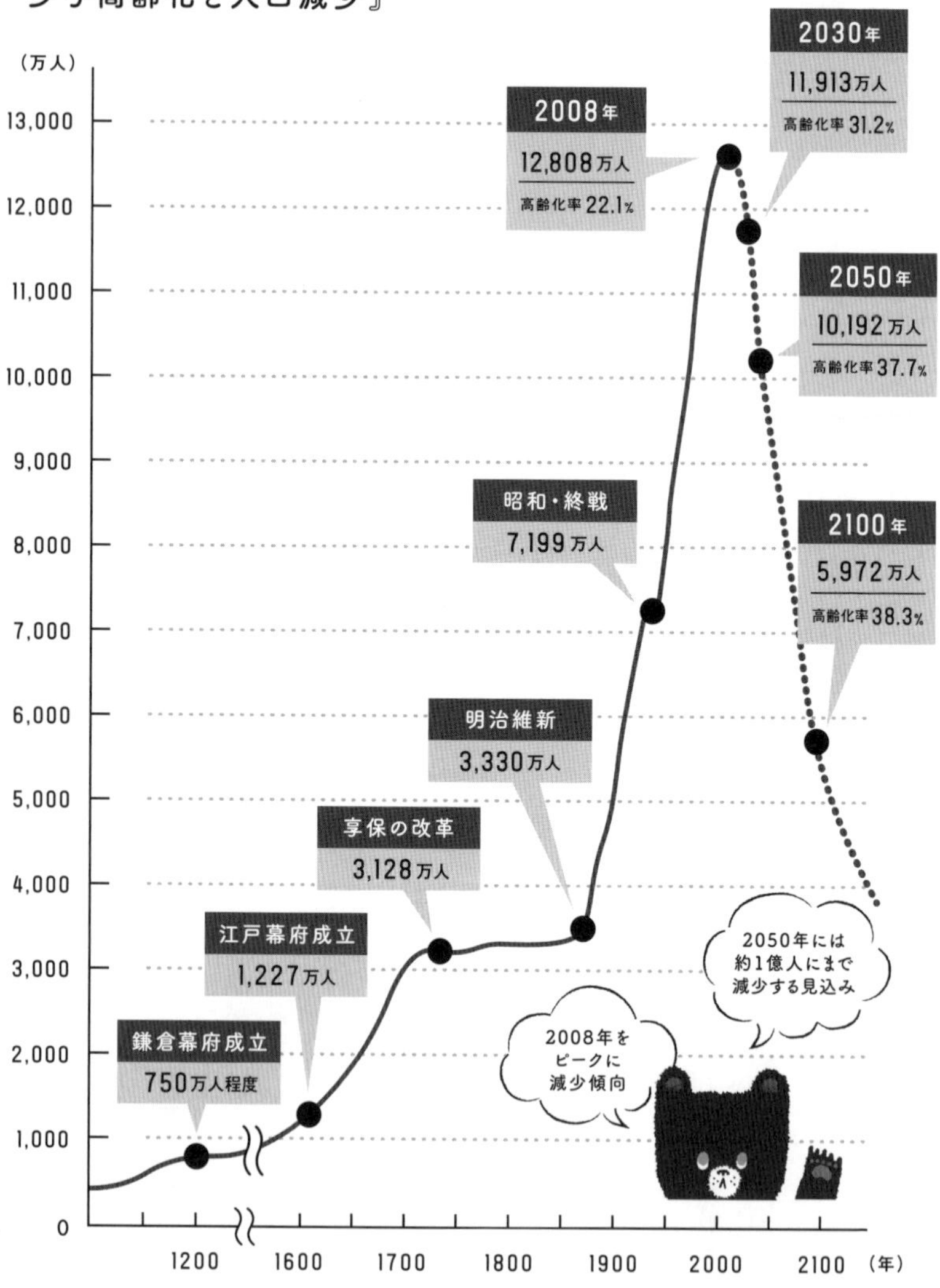

（出典）国土交通省「国土の長期展望」　※2015年時点の中位推計

人を幸せにする新しいチェーンストアの創造

今まで正しいとされてきた、規模拡大・効率重視を基調としたチェーンストア理論は果たして正しいのか？　それは人を幸せにするだろうか？　クックマートが目指すのはリアル×ローカル×ヒューマンで「地域の活気が集まる場所」を創るチェーンストア。それは、社員一人ひとりに「自立」「成長」「絆」「自信」「生きがい」を望める仕事環境を提供すること。スケールメリットではなくローカルメリットを大事にし、1店1店確実に地域に喜ばれるお店を作り、お客様、生産者様、取引先、地域社会、私たち自身が共に繁栄していくこと。この観点から、今までの常識にとらわれない「人を幸せにする新しいチェーンストアの創造」に挑みます。

私の思考のベースにあるのは一貫した、世間・常識への「違和感」。一般的にはこう言われているけれど「ホントにそうか？」「何か、変」「気持ち悪い」、そういう違和感をセンサーとし、自分なりに考えていくと独自のロジックが生まれてくる。

今までのビジネスの世界は、外部に正解があり、それに合わせに行くということが主流だったように思います。それは経営においても例外ではなく、あたかも「大企業」「有名企業」「過去の成功体験」という「正解」があり、それにいかに速く・効率的に近づくか、という「レース」のようなイメージが根底にある気がします。

しかし、本来は、経営に「正解」なんてものはなく、それぞれの会社、経営者の個性を生かした経営しかないと思います。そうでないと本質的な違いは生まれないし、やっていて経営者本人が楽しくない。楽しくない以上、持続性がないと思うのです。

スポーツでも昔は根性論が主流でした。でも今では根性論より「人間の本性を理解して『楽しむ』方が結果が出る」ということが証明されるようになってきている。ビジネスの世界においても、全く同じことが言えるのではないでしょうか。

新たなHRモデルを創造する会社

「楽しむ」ことの重要性は社員でも経営者でも全く同じだと思います。いかにして「楽しむ」方向に持っていくか。それが仕事と人生のカギを握っています。

そういう意味で、私はこれからの会社は事業以上にHR（人事戦略）が重要になってくると思います。それも、無理矢理企業の色に染めるようなやり方ではなく、自然体で、いろいろな人の潜在能力を見極め、生かすような組織のあり方。そういう組織でないとこれからの人口減少時代、人を惹きつけ、納得感を持って仕事をしてもらうことは難しくなるでしょう。

私はデライトホールディングス／クックマートを通じて、単なるスーパーマーケットを超えた、ローカルに合った、新たなHRモデルを創造する会社を作れないか？　と妄想しています。生鮮、ローカル、人間、クリエイティブ、コミュニケーションなど、複雑な「魔境」を複雑なまま扱うためのHRモデル。都会とは違う、ローカルの人々のための新しい会社像の提示。

社会の複雑性は加速し、学校、町内、家族などの既存のコミュニティが機能不全を起こしつつあります。現在の学校教育や地域コミュニティの枠組みでは解決できないような「難問」も増えています。孤立し、途方に暮れてしまう人も多い。そんな中、私が逆に可能性を感じているのが古くて新しい、「会社」「企業」という枠組みです。

「会社」という存在は家族ほどウェットではなく、行政より他人行儀ではない。

企業はうまくやれば、ローカルの人々のコミュニティや学びの核になれる。実際に、デライト社内には独自のコミュニティが存在し、そこから「気づき、考える」人々が生まれ、独自の商売を次々と展開しています。私も含め、元々エリートではないローカルの人々が、自分の持ち味を発揮し、適材適所で仕事を通じて己を知り、人生を楽しむ方向に持っていっている。

私は、地方に「よいローカルスーパー」があることは「地域の活気」にとって非常に重要だと考えています。ここを従業員、お客さん、取引先など、関係者にとって「よい場」にすることができたら、ローカルの、ひいては日本の幸福度は自然と上がるでしょう。

ローカルのよさを生かさず、全てのスーパーが大手を手本とする「ミニ・大手」になってしまったらつまらない。物差しはいろいろあっていい。むしろ、それぞれの「魔境」を活かして活性化させるようなアプローチができないか？　阻害要因を排除して、時代に合った形で成長させることはできないか？

従業員のモチベーション・潜在能力を開花させるデライトの手法は、我々の理念・バックグラウンドから発生した「モノの見方」「スタイル」であり、単純に移植できる「システム」ではありません。しかし、「人間の本性」に根差しており、それだけに普遍的で可変性・応用性があり、いろんな会社や人間のよさを引き出せる可能性があると考えています。

これは、「規模拡大・効率重視」とは違う、ローカルならではの新たな成長戦略であり、むしろ、大手と「別ジャンル」として共存していくために必要なことだと思います。それをせず、大手を手本として模倣している限り、成長すればするほど大手に似ていく。そして競争力を失っていくというジレンマを感じるようになるでしょう。

デライトの考え方というのはスーパーマーケットにとっても「第三の道」だし、人のマネジメント（HR）にとっても「第三の道」。なぜなら、スーパーに限らずどの業界にも「リアル×ローカル×ヒューマン」という「魔境」はあるからです。そして、これからの時代、この「魔境」をいかにして取り扱うことができるかが生死を分けると考えています。

ビジネスでも、人生でも、全てを計画し尽くすことなどできません。何が起きるか、何が出てくるか、わからないからこそ面白い。偶然を引き付け、必然にするのは「理念・コンセプト・ストーリー」。ワクワクしながら「よく見て、気づき、考える」。そこからキノコのように、次のストーリーが紡ぎだされる。その起爆剤となるのは常に、「どうしようもなくそうなんだ！」というアニマルスピリッツ、アーティスト性、内発性のバクハツでしかないでしょう。

BRAND LOGO

COOK MART

COOK MART

クックマート

CHARACTER/COOKUMA

DELIGHT!

楽しむ、楽しませる！

MISSION

リアル×ローカル×ヒューマン
＝地域の活気が集まる場所

VISION

人を幸せにする
新しいチェーンストアの創造

VALUE

気づき、考える組織

THANK YOU!
OK
ん?
はーい!
おなかすいたぁ
ガンバル!
キュン…
イイネ!
今から向かいまーす!
えっ!?
ぐて~
きょとん。
ゴトッ
やったぁ!
おやすみ
いってきます!
ガーン
I♥COOKMART
びっくり!
チラッ
おつかれさま!
COOK MARTで買い物中!
No!
ぺこり。

Kalmia
ENJOY. TO ENTERTAIN!

競輪場前
競輪場前
DELIGHT
COOK MART

77cm

COOK MART
Smile

COOK MART

ミスクックマート

COOK MART

DJ
COOK
MART

I'm Genius!

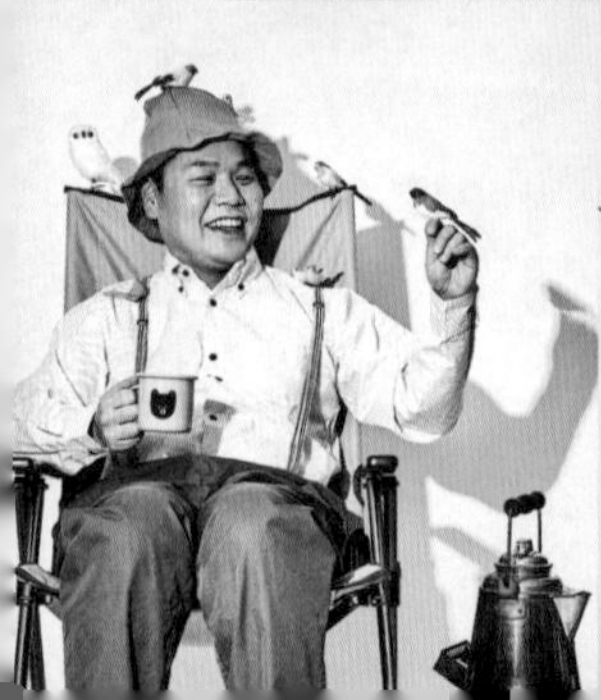

Delight!

でないと、

あとがき　——楽しむことが最高の戦略

社会人になって以来、「どうしたら仕事と人生を『楽しむ』方向に持っていけるか」ということを考えてきました。大人の世界はとかく「我慢」が多い。苦手なこと、イヤなこと、向いてないことでも歯を食いしばって耐えなくてはならない。これをやらなかったら「周りに嫌われるのではないか?」「変な人だと思われるのではないか?」「損するのではないか?」「ご迷惑をおかけするのではないか?」と勝手に「自主規制」して、我慢している人は多い。しかし、それは誰のための我慢なのか? それで本人は幸せなのか? 本当に周りのためになるのか? 持続可能なのか?

シンプルに言うと、結局、「好きなこと・得意なことしかうまくできない」し、「好きなこと・得意なことをやった方が自分も周りも幸せになる」というのが私の基本的な考え方です。そうすると、「自分の好きなこと・得意なことってなんだろう?」という話になってきます。実はそれがわかるためには（逆説的ですが）世の中で「すってんころりん」揉《も》まれて、嫌いなこと・苦手なことを含め、いろいろな経験をする必要があります。その中で徐々に自分の「向き・不向き」「好き・嫌い」がわかってきます。

一通り人生経験を積んで、だいぶ自分というものがわかってきたら、いよいよ全力で振り切る（＝楽しむ）ときです。「楽しむ」ことは「楽《らく》」とは違います。それは、人生の酸いも甘いも噛み分けた「大人」のみに許された高度な能力、明確な「自己認識」の産物なのだと思います。

この「楽しむ」ことを理解した「大人」が自主的に集って適材適所で活躍するのが「最強の組織」というのが私の考えです。無理してもロクなことがない。楽しんでやっている人よりうまくいくわけがない。何を楽しいと思うかは人によって違います。やたらと我慢する、耐え忍ぶのではなく、40過ぎたら己を知り、己の楽しめる方向に振り切っていく。向いていないことは向いている人に任せる。コラボレーションする。諦《あきら》める。頑張りすぎない。それがホントのダイバーシティーだと思います。

本書は多くの方々のご厚意・ご協力があって形にすることができました。まず、私に本の執筆を強く勧めてくださった、地元・豊橋で経営人事コンサルタントをされている、株式会社ビジネスリンク代表の西川幸孝先生。先生の温かい励ましと、多くのアドバイスがなかったら、この本をまとめることはできなかったと思います。改めて感謝申し上げます。

株式会社ダイヤモンド・リテイルメディアの流通業界誌「ダイヤモンド・チェーンストア」副編集長で、私に本書の出版を打診し、編集も担当してくださった大宮弓絵さん。初めにお話しをいただいてから1年以上。構想が固まるまでお時間をいただきましたが、ヒジョーに粘り強く、最後まで真摯《しんし》な対応、誠にありがとうございました。編集長の阿部幸治さんにも的確なアドバイスをいただき感謝申し上げます。

素敵なグラフィックで本書を彩ってくれたのはクリエイティブディレクター「&Ｒａｉｎｂｏｗ」の谷口佐智子さん。「どうしようもなく」凝り性で「なんとしてもいいものを作りたい！」というその熱意、いつも頭が下がります。

私のよき理解者で仕事においても苦楽を共にしている弟の孝典。私の足りないところを補ってくれるあなたとのバランスで私の仕事は成り立っています。

個別には書ききれませんが、日々、圧倒的な「地域の活気が集まる場所」を生み出してくれているクックマートの幹部、社員、パートナーの皆さん。

クックマートを大事にしてくださる取引先や生産者の皆様。

クックマートファンでいてくださる地域の皆様。
いつも応援してくれている両親と家族。
この場を借りて厚く御礼申し上げます。

令和5年初夏　白井 健太郎

解説『クックマートの競争戦略』楠木建（経営学者）

競争戦略の勝利条件

まずはっきりさせておくべきは、経営が持つべき目標です。目標が間違っていれば、あらゆる戦略は無用の長物です。結局のところ、経営は何を極大化するべきなのか。答えは長期利益です。長期利益は経営の優劣を示す最上の尺度です。「カネ儲けがすべてだ！」という話ではありません。従業員や顧客、株主、社会、すべてのステークホルダーに対して企業は貢献しなくてはなりません。逆説的に聞こえるかもしれませんが、だからこそ長期利益の追求が何よりも大切なのです。

企業活動に対価を支払ってくれるのは顧客です。結局のところ、すべては顧客のためです。ただし、です。極大化すべき「目標」が長期利益だということは、企業の「目的」――最近の言葉でいえば「パーパス」――が顧客に対する価値提供であることと何ら矛盾しません。真っ当な競争があれば、長期利益は顧客満足のもっともシンプルかつ正直な物差しとなります。その企業がなくなったら、どれだけ困り悲しむ人がいるか――この総量がその企業の提供する独自価値であり、それは確実に利益に反映されます。長期利益と顧客価値はコインの両面のようなものです。まったく儲かっていないのに顧客満足を標榜する経営は欺瞞《ぎまん》です。

長期利益を稼いでいれば、投資家が評価し株価も上がる。株主に支払う配当も利益処分の一形態です。儲けが出ていなければ分配できません。経営者が儲かる商売をつくれば、雇用を生みだし、守ることができます。いよいよ日本でも賃上げが重視されるようになりました。労働分配を増やすためにはまず稼げる商売をつくることが先決です。

刹那的な儲けであれば話は違ってきます。客を騙して儲ける、従業員を泣かせて儲けることも可能です。しかし、それでは持ちません。持続的な利益の実現はすべてのステークホルダーをつなぐ経営の基本線となります。

何よりも、長期利益は社会のためになります。企業による社会貢献の王道は法人所得税の支払いです。社会的目的のために使うことができる原資を創出する。そこに企業の社会貢献の本筋があります。あとはすべてオマケです。

「みなさま、私は今こそ、よほどしっかりした考え方で、真の経済再武装を計らなければならない時機だと考えるのであります。経済再武装――それは利益を尊重するということです。……今日、企業の儲けの半分は、税金として国家の大きな収入源となり、このお金で道路が造られたり、福祉施設ができたり、また減税も可能になり、直接に間接に全国民がその恩恵を受けているのであります。……逆に、企業が赤字となれば、これは単にその商店や会社の損失にとどまらず、社会に対して一つの大きな罪を犯したのだという厳しい自覚をもってしかるべきだと思うのであります」――松下幸之助さんが1965年5月の『電波新聞』に出した意見広告の文章です。タイトルは一言、「儲ける」でした。柳井正さんが2007年に打ち出したファーストリテイリングの方針はやはり一言、「儲ける」でした。まことに正しい方針です。長期利益の追求は不変にして普遍の原理原則です。

ローカル食品スーパー「クックマート」を運営するデライトの経営が優れている理由もまたここにあります。創業以来増収を重ね、売上300億超の規模にまで成長しています。一店舗の売場面積は平均300坪と小さいのですが、一店舗当たり27億の平均年商を上げています。これは一般的な食品スーパーの倍近くの数字です。12店舗の来店客数は年間1,000万人超。生鮮食品にフォーカスして商品のクオリティを高め、リーズナブルな価格で着実にファンを増やし、来店頻度と買い上げ点数を伸ばすことによって、この売上を達成しています。

本書では明示されていませんが、業界平均以上の利益を持続しているはずです。従業員の給与水準も業界の中では高い水準にあるでしょう。顧客に対して独自の価値を提供できているのはもちろん、儲かる商売を通じてあらゆるステークホルダーに価値をもたらす——デライトは経営の王道を行く会社です。

長期利益の源泉

経営の勝利条件が長期利益だとすれば、長期利益がどこから生まれるのかということが一義的な問題となります。一時的に儲けるのは簡単でも、競争の中で利益を持続するのは実に難しい。単に競争優位を獲得するにとどまらず、どうやってそれを持続的なものにしていけるのか。これまでも多くの戦略論が、持続的な競争優位の源泉はどこにあるのかという問いに答えようとしてきました。

競争優位にはいくつかの異なるレベルがあり、持続性が低いものから高いものへと階層をなしています。レベル1は単純に外部環境の追い風が利益を生んでいるという状態です。例えば「急激な円安が利益を押し上げている」「コロナ騒動の巣ごもり需要で売り上げが増えた」――こうしたケースでは利益の源泉が外部の一時的な環境要因に依存しています。追い風が止まれば元の状態に逆戻りしてしまいます。アマゾンをはじめとするＥＣの企業はコロナ騒動で大幅に業績を伸長させました。しかし、２０２２年の後半からコロナ騒動が沈静化すると、アメリカのＥＣの取引規模はコロナ以前の水準に戻っています。利益の源泉がこのレベルにあれば、定義からして持続的な競争優位は期待できません。

景気の追い風のうち最大のものは、今も昔も人口増による市場拡大です。デライトが運営する食品スーパーのような消費財の小売業にとっては特にそうです。しかし、現在の日本ではこの種の追い風は期待できません。むしろクックマートが商圏とする日本のローカル市場は今後とも長期的な人口減の逆風に直面しています。レベル1の論理ではデライトの長期利益は説明できません。

レベル2は、業界の競争構造が利益をもたらしているという状態です。世の中には利益が出やすい構造にある業界もあれば、もともと出にくい構造に置かれている業界もあります。これからフリーハンドでゼロから事業を始めるという人にとっては、業界の競争構造を理解することは重要な意味を持っています。利益が出やすい業界を注意深く選び、利益が出にくいような構造にある業界への参入を避ける。この戦略的選択によって利益を増大させることができます。

業界の利益ポテンシャルに影響を与える要因の分析枠組みとして、競争戦略論の始祖であるマイケル・ポーター教授が開発した「ファイブ・フォース・モデル」があります。前提はシンプルです。どんな業界でも、その業界の利益を奪おうとする圧力（フォース）がかかっています。これらの圧力が大きければその業界の潜在的な利益機会は小さくなり、逆に圧力が小さいほど潜在的な利益機会が大きくなります。

圧力には5つの種類があります。第1が「業界内部の対抗度」です。その業界にすでに参入している既存企業の間の競争の激しさを意味しています。第2の圧力「新規参入の脅威」は潜在的な競合を問題にしています。参入障壁が低い業界であれば、参入を阻止するために価格を低く設定する、といったことが必要になります。結果としてその業界の利益機会は小さくなります。第3が「代替品の脅威」です。その業界が満たしているニーズが別の業界によって取って代わられてしまう程度です。第4と第5の圧力、「供給業者の交渉力」と「買い手の交渉力」は、業界と供給業者、買い手との間の利益の綱引きに注目します。供給業者や買い手の日々の取引における交渉力が強いほど儲かりにくい業界になります。

このフレームワークを適用すれば、なぜ製薬業界（特に新薬を開発して製造販売する業界）の利益率が高いのかがよくわかります。新薬の開発は多大のコストと時間を要します。参入障壁は高く、業界内で競争する企業の数は限られます。いったん新薬の開発に成功して特許を取得してしまえば、正面からの競争に悩まされることもありません。対抗度は低くなります。潜在的な代替品としては、東洋医学や健康食品、健康な体をつくるためのスポーツジムなどのサービスがありますが、いざ病気になってしまえば薬を飲まざるを得ません。供給業者は一般的な化学品メーカーです。彼らの商品はコモディティーです。買い手である患者が抱えるニーズはいたってシリアスです。不要不急どころか重要至急なので、いちいち価格交渉している場合ではありません。

デライトが身を置く食品スーパー業界は製薬業界と真逆です。ファイブ・フォースの観点からみて、儲からない要因がそろいまくっています。著者のお父さまがデライトを創業したのは1995年。そう昔のことではありません。長い歴史がある業界にあって「超」のつく後発です。参入障壁が低い業界であることはデライトが身をもって証明しています。

食品スーパーはデライトの創業当時からすでに過当競争状態にあり、市場は飽和していました。対抗度は極めて高い。ＥＣはもちろん、ドラッグストアやコンビニエンスストアなどの他業界とも顧客を取り合う関係にあり、代替サービスの脅威もますます高まっています。典型的な買い手市場で、顧客の交渉力は強い。収益にとってポジティブな要因は供給業者の交渉力がそれほどでもないことぐらいで、クックマートの長期利益は業界の競争構造でも説明できないことは明らかです。

戦略の本質

レベル１とレベル２の利益の源泉はその企業をとりまく外部要因に注目するものです。レベル３からいよいよ競争戦略の出番となります。戦略とは何か。競争戦略の本質は「競合他社との違いをつくること」にあります。違いがあるから選ばれる。競争のなかで業界平均水準以上の利益をあげることができるとしたら、それは他社と何らかの「違い」があるからです。

ここで強調したいのは、違いには違いがある——他社との違いを考えるときに、2つの異なったタイプに区別して考える——ということです。すなわち、「程度の違い」と「種類の違い」です。程度の違いには、その違いを指し示す尺度なり物差しがあります。2人の人間の違いでいえば、身長や年齢、足の速さ、視力などの違いがこのグループに入ります。AさんはBさんよりも背が高く足が速い、というように英語の比較級での「ベター」として認識される違いです。

これに対して、男か女かというのは種類の違いです。種類の違いには、それを指し示す連続的な尺度がありません。「私はこの人よりも30%男性である」ということは普通はない。ベターかどうかではなく、ディファレントとして認識される違いです。

なぜこの区別が重要なのか。その理由は、顧客から見てディファレントな存在になることが戦略の一義的な意義だからです。何かの物差しの上でベターであったとしても、それは必ずしも戦略があるということを意味しません。他社とは異なった（ディファレントな）ポジションをとる。ここに戦略の実相があります。

なぜ「ベター」は戦略になりえないか。その理由は、比較級で違いをつくろうとするとイタチごっこに陥ってしまうからです。ベターなことはだれにとってもベターです。他社も遅かれ早かれ、多かれ少なかれ、その物差しの上でベターになろうと努力するはずです。一時的にベターであっても、すぐに追いつかれてしまいます。つまり、差別化の賞味期限が短い。刹那的な利益は獲得できても、長期的な競争優位にはなり得ません。

レベル3の競争優位は業界の中で競争する個別企業の戦略にあります。戦略とは活動（ａｃｔ・ｉｖ・ｉｔｙ）の選択、つまり「何をやり、何をやらないか」を決めるということです。独自のポジショニングを構築するためには、「何をやるか」よりも、「何をやらないか」がずっと大切です。

なぜか。戦略を支えているのはトレードオフ――あちらを立てればこちらが立たず――の論理だからです。男であるということは女ではないということです。男であり、同時に女でもあるということはできません。投入できる資源には限りがあります。同時にすべてのことをベターにしようとすれば、資源が分散します。トレードオフがある以上、戦略の要諦はフォーカスにあります。裏を返せば、「何をやらないか」をはっきりさせれば、単に「他社よりも高品質」というような程度問題の違いと比べて、顧客に対して他社との違いをはっきりと示すことができます。

業界の中で独自のポジションを確立することができれば、顧客から見て「種類が違う」ということになり、他社との正面からの殴り合いをせずに済みます。この意味で競争戦略は本質的には「無競争の戦略」といってもよいでしょう。
本書で著者は以下のような自己認識を語っています。

自分の人生を振り返ると、受験勉強、資格試験、運動会、マラソン大会、部活動でのレギュラー争いなど、枠組みが決められた中での「勝負事」がことごとくダメでした。「どっちが強いか、どっちが速いか」という「真っ向勝負」の競争になると、とたんに「どうぞどうぞ」と先を譲ってしまう。あまり争いを好まない性格。全く「体育会系」ではない。それよりも「いかにして競争しないか」「別ジャンル・新ジャンルになるか」を考える方が好きでした。

そんな私が、めちゃくちゃ競争が激しい食品スーパー業界に身を置くことになりました。食品販売の世界は、ローカルスーパー、大手スーパーに加え、コンビニ、ドラッグストア、ネット販売など、ありとあらゆるプレーヤーが参入して、あたかも「どつきあい」「バトルロワイアル」の様相を呈しています。争いが嫌いな私は「うわぁ、競争するのはイヤだなぁ」と思ってしまいました。

著者のものの考え方や体質、気性はそもそも競争戦略の思考様式にフィットしていたといえます。ただひたすらに「競争的な人」には戦略的な意思決定はできません。

僕がスキな話にホンダが4輪車事業に参入する際の本田宗一郎さんのエピソードがあります。長い間2輪車専業だったホンダがいよいよ4輪車に進出しようとしたとき、トヨタや日産は日本では大企業としての地位を確立していました。4輪車を開発するにあたって、ホンダのエンジニアは「こうやったらトヨタに対抗できるのではないか」「こうしたら日産に勝てるのではないか」と侃々諤々《かんかんがくがく》の議論を戦わせていました。それを横で聞いていた本田宗一郎さんは最後に一言、「それ、トヨタにやってもらえばいいじゃねえか」――戦略の本質を見事に衝いた言葉です。

トレードオフの選択

クックマートの競争戦略の基盤にはいくつもの「やらないこと」の選択があります。競合他社は「顧客囲い込み」の施策として独自のポイントカードを導入していますが、クックマートにはありません。ポイントカードを作ると、システム費や対応する人員などのオペレーションコストが発生します。そんな煩雑なことをするよりも、シンプルに値段に反映させ、店自体の魅力で来店してもらうほうが筋が通っている。そもそも「囲い込み」は供給側の視点です。囲い込まれて嬉しい顧客はいません。クレジットカードや電子マネーは普通に使えるのですから、ポイントを貯めたい顧客にはそちらを使ってもらえばいい。

クックマートはネットスーパー事業を手がけていません。これもまたネットとリアルのトレードオフを見据えた意思決定です。ネットスーパーはＩＴ企業のほうがうまくできる。「餅は餅屋」で自分たちが得意なリアル店舗に集中する。ネットスーパーに気を取られて、リアル店舗の魅力を損なったら本末転倒。ネットスーパーは確かに便利だけれども、顧客はアマゾンや楽天のサービスを利用すればいい。

深夜営業もしない。全店20：00閉店です。ローカルな商圏では夜中に買い物に行く人は多くない。食品スーパーの売りは生鮮食品なので、鮮度が大事。時間を決めて毎日売り切っていった方がいい。しかも、従業員にとっても働きやすい職場になります。そもそも、コンビニが乱立している時代です。深夜の緊急の買い物はコンビニに行けばいい。タバコの販売もやめる。保管場所に鍵をかけるなど、タバコはオペレーションが意外と面倒です。スペースに限りがある中で、食品の販売を優先する。タバコもコンビニに行けば買えます。グルメ向きのマニアックな商品も置かない。そういうものを買いたいときは、デパ地下や成城石井に行けばいいわけです。

このようにクックマートは何をやり、何をやらないかについてのトレードオフをはっきりとさせています。その基点には「楽しむ、楽しませる」というクックマートの戦略コンセプトがあります。社員が仕事を楽しむ。それが顧客を楽しませることになる。顧客が楽しめば、社員にとってもさらに仕事が楽しくなる――好循環が組み込まれているところがポイントです。この好循環から店舗の活気が生まれます。

活気とは「人が多い」「密度が高い」「自然」ということだと著者は言います。競合他社と比べてクックマートは店舗スタッフの数が多い。人手をかけて独特の活気がある売場をつくる。本部の計画ではなく、現場で生まれる偶発性を取り込み、臨機応変な軌道修正をする。ローカルな顧客のニーズに合った独自商品をつくる。従業員と顧客との間に人間的かつ自然な関係をつくる。驚きや楽しさがある店舗づくりが来店顧客数を増やし、来店頻度と客単価を上げています。

「ポイントカードがない」「ネットスーパーをやらずリアル店舗に集中する」「深夜営業をしない」といったトレードオフの選択は、いずれも「楽しむ、楽しませる」のサイクルで売場の活気を追求するコンセプトから出てきた意思決定です。その究極を「チラシによる販促をしない」という他社との違いに見ることができます。

チラシにはその都度コストがかかります。チラシを止めればそのコストが節約できる。クックマートの武器は店頭の活気にあるので、チラシに依存する必要はない——ここでも明確なトレードオフの選択があります。しかし、これにはさらに奥があります。チラシはコストがかかるだけでなく、クックマートの生命線である従業員の自発的な創意工夫による活気を阻害する面があるというのです。

著者の考えはこうです。スーパーのチラシは販促手段のみならず、現場の従業員に向けての指示書・計画書の役割を担っている。「何を、どこで、いくらで売るか」について本部が事前に計画し、それに従って現場が実行する。本部が主で現場は従という分業があり、それをつなぐのが日々のチラシだというわけです。

チラシに掲載された商品と価格は、本部による指令です。もし、現場でその商品や価格では売れないと考えても、チラシとして出してしまっている以上、従わなければならない。現場の仕事は維持管理だけになります。商売の本来の楽しさである仕入れや値付けの自由が全て奪われてしまう。それでは創意工夫のしようがない。現場の方が顧客ニーズについて正しい情報を持っており、的確な判断ができるはずなのに、指示書に従わなくてはならない。現場では「売りたくないものを売らなくてはならない」という葛藤が生じます。

自分が「ホントにいい！」と思った商品は全力で売ることができる。自信を持ってお客さんにオススメすることができる。しかし、「売れ！」と強制されたものは売る気になれない。売れなかった場合でも、現場の従業員が自分の考えと判断で発注した商品であれば、気づきや反省が生まれます。それが次の発注精度を高め、商売人としての成長を促します。

ところが、本部がチラシで主導してしまうと、肝心の学習機会が喪失されます。現場は

「本部が悪い」という他責に傾きます。こうなってしまうと、従業員主導の活気ある売場で集客する戦略をとるクックマートにとっては致命的なダメージとなります。

チラシによる販促が「楽しむ、楽しませる」というコンセプトと折り合いがつかない理由に

ついて、著者は実に深い洞察を述べています。

チラシというのはある種の「麻薬」で、長年打ち続けた会社がピタッと止めると、急に売上が下がります。それは、「販促効果がなくなったからだ」と解釈されがちですが、実は、「指示命令がなくなって現場が混乱しているから」ということの方が大きいのではないでしょうか。

長年、チラシによる「指示命令」に慣れた組織が急に「自分で気づき、考えろ」と言われてもすぐにはできません。会社の仕組みが「チラシありき」になっているからです。チラシがなくても店が機能するためには、そのための仕組みや組織文化と「気づき、考える人々」が必要なわけです。しかし、それは一朝一夕に作れるものではありません。よって、チラシは止めたくても止められないのです。

組織能力

クックマートの戦略は「気づき、考える人々」によって支えられています。現場に大きく依存した経営といっていいでしょう。あらゆる戦略は実行するためにあります。実行されない戦略は机上の空論です。クックマートの戦略が秀逸なのは、戦略的ポジショニングが独自であるのみならず、それを実行する能力の構築にも目配りが利いていることにあります。

現場に大きな裁量のあるクックマートには、生鮮食品とローカル需要を熟知し、現場で気づき、考え、判断できる多種多様な人材がいます。彼らが自由闊達に動くことによって、売場や商品にダイナミズムが生まれ、本部だけでは企画できないような面白い売場と人気商品が生まれています。しかも、ひとつの成功例がすばやく他の店舗にも横展開される。本部からの上意下達では、こうした売場や商品はつくれませんし、定着しません。

競争戦略論では、さまざまな経営資源のなかで、「組織特殊性」の条件を満たすものを一般の経営資源と区別して能力（capability）と呼んでいます。組織特殊性とは、平たくいえば「他者が簡単にはまねできず（まねしようと思っても大きなコストがかかる）、市場でも容易には買えない」ということです。自発的な創意工夫、商品構成や値付けについての自発的な判断、そうした能力を持つ人々で構成される現場のチームは、著者が言うように一朝一夕に手に入るものではありません。まさしく組織の能力です。模倣が難しい組織能力がクックマートの競争優位の中核にあることは間違いありません。

ただし、です。著者の経営を「ボトムアップ型」と理解するのは間違っています。クックマートの組織能力は自然発生的に湧き上がってきたわけではありません。経営者が戦略的な意思をもって練り上げてきたものです。ようするに、能力構築も含めてすべては経営者次第だということです。「現場力」の美名の裏で、実態は現場丸投げ――これではただの経営不全、戦略不在です。クックマートの経営はその手の「似非《えせ》ボトムアップ経営」とは一線を画しています。

クックマートの組織能力の構築において経営者である著者が果たしている役割として、少なくとも次の3点が指摘できます。第1にターゲット社員の定義です。能力は人に体化されています。戦略がターゲット顧客の絞り込みを必要とするように、能力構築においてはターゲット社員をはっきりとさせることが不可欠です。

クックマートのターゲット社員は「マイルドヤンキー」――従来のヤンキーのような攻撃的な不良ではなく、地元志向が強く、同年代の友人や家族との仲間意識をベースとした生活をする層――です。

マイルドヤンキーの何がいいかというと、無理をしていない、自然体なところ。ある意味健全。人間らしい。生まれた場所で育ち、そこに満足し、そこから出ない。即ち、満たされている。ゆえにルサンチマン（怨念）がない。挨拶が元気。笑顔が素敵。めっちゃいい人が多い。

都会では「マインドフルネス」が流行っているそうですが、マイルドヤンキーの生活は言ってみれば「毎日がマインドフルネス」。瞬間瞬間に生きているわけですから、ある意味、自然体で図らずして「悟りの境地」です。「マインドフルネス？　なにそれ？　うまいの？」という世界。瞑想する必要もなく元気。都会人が意識的に「マインドフルネス」をしないと元気になれないということは、それだけ都会が人間にとって「過酷な場所」「不自然な場所」ということなのかもしれません。

彼らは地元に住み、地元に根差す人々です。ターゲット顧客であるローカルな生活者の思考と指向と嗜好を自然と理解できる。「地元の普通の人々」たちが楽しく、納得感を持って仕事ができる組織をつくれば、ターゲット顧客に対する価値創造が可能になります。「人材獲得」「人材育成」というと、そもそもモチベーションが強く、上昇志向があり、スキル習得に熱心な層を重視しがちです。日経新聞やニューズピックスで利いた風な口をたたいている連中がその典型です（僕もその一人なのですが）。しかし、クックマートはそうした人々は相手にしません。

ようするに、競争市場だけではなく、労働市場でもはっきりとしたトレードオフを選択し、独自のポジションをとっているということです。これはあくまでも経営者の戦略的な意思決定です。ボトムアップでやっているうちに気づいてみたらそうなっていた、ではありません。

第2に、マネジメントのためのユニークな仕組みの設計です。著者はこれを「仕事を通じて人生を楽しめるプラットフォーム」と表現しています。第五章で詳しく論じられているように、その構成要素には、「シンプルでざっくりした」人事制度、定期的なリアルイベント、「ユルい」部活動、社長による対話型の研修、社内SNSによるカジュアルな情報共有などさまざまなものがあります。どれをとっても、「楽しむ、楽しませる」という戦略コンセプトをブレイクダウンする中で経営者自らが作っていったものです。

考えてみると、マイルドヤンキー（＝ローカルで生活する普通の人々）のマネジメントは、クックマートのみならず、日本全体にとっても重要な示唆を含んでいます。なぜなら、日本全体で見ると、そういう人の方が圧倒的に多いからです。世間で語られている人事制度やキャリア開発は「東京のエリート」視点に偏っています。日経新聞やニューズピックスで喧伝されているようなキャリアモデルやキャリアプランに興味がない人もたくさんいる。労働市場で厚い層を形成しているのは、むしろそうした人々です。著者はこう言っています。

仕事がつまらなくなるのは「目的」が喪失し、「全体像」が見渡せず、「自分が何をやっているのかわからない」「やっていることに意味を見いだせない」状態に陥るからではないか？　このマインドセットのまま、「お金」や「休み」や「福利厚生」を手厚くしても、みんな幸せになれるのか？

いわゆる「働き方改革」をいくらやったところで、そもそも仕事自体がつまらなく、仕事についての「モノの見方」がネガティブだと、永遠に「仕事、ダリィ」ということになるのではないか？　だから、私は「働き方改革」もいいけれど、同時に、職場が

「仕事を通じて人生を楽しめるプラットフォーム」であること、加えて、それ以前の「モノの見方改革」（なぜ、働くのか？　自分にとっての幸福とは何か？　根本的な自己認識＝「自分なりの基準」を持つこと）が重要ではないか？　と思っているのです。

第3に、これが最も重要なことですが、上述した組織能力は、戦略ポジショニングがなければあり得なかったということです。トレードオフを明確に選択し、「何をやらないか」がはっきりしている。だからこそ、やることについては能力を継続的に深めていけるという成り行きです。人間の注意や努力には限りがあります。「何でもできる」をめざしてしまうと、「何もできない」ということになる。

ようするに、戦略がはっきりしているから、能力構築に本腰を入れて取り組めるわけです。戦略が先、能力は後。この順番が大切です。裏を返せば、デライトの組織能力が優れているからといって、全国チェーンの大手スーパーや一般的な食品スーパーが、上述したような能力構築の仕組みを「ベストプラクティス」として導入したら、戦略とのミスマッチをきたし、指揮命令系統が崩壊し、かえってパフォーマンスは低下するでしょう。組織能力が真似できないのではなく、その前提となっている戦略が真似できないのです。繰り返しますが、現場任せのボトムアップでは能力構築はままなりません。組織能力はあくまでも経営者が自らの責任において設計し、開発するものです。

持続的競争優位の正体

考えてみればある戦略がもたらす競争優位が長期にわたって持続するというのは不思議なことです。情報や知識の移転が簡単でなかった時代はいざ知らず、これだけ情報技術が発達した今日では、国や地域や企業を超えたヒト、モノ、カネ、情報の流動性は飛躍的に増大しています。

ある企業が高いパフォーマンスを達成していれば、ごく自然に他社の関心を集めます。好業績の背後にどのような戦略があるのか、誰しも興味をもって注目します。利益ポテンシャルに富んだ市場セグメントや好業績をもたらす戦略ポジションはすぐに世の中に知れ渡るところとなります。コンサルティング会社はさまざまな企業の成功要因を分析し、ありとあらゆる知識を提供してくれます。

ようするに経営資源の企業を超えた流動性、移転可能性は一貫して増大傾向にある。論理的に言って、こうしたトレンドは企業間の差異を小さくする方向にはたらきます。ある企業が一時的に成功したとしても、その戦略はいずれ模倣されてしまい、その結果、競争優位を長期的に持続するのはますます困難になるはずです。

しかし、現実はそうなっていません。強い企業はかなりの長期に渡って強い。四方八方から戦略を注視され、模倣の脅威にさらされながらも、10年、15年と競争優位を持続しています。これはなぜか——僕はこの問題についてずっと強い関心をもち、持続的な競争優位の正体について思考を巡らせてきました。そのうちに、これまで明示的もしくは暗黙のうちに想定されていたものとは異なる、従来見過ごされていた論理があるのではないかと考えるようになりました。それが「ストーリーとしての競争戦略」——個別のディシジョンやアクションではなく、それらが一貫した因果論理でつながっているストーリーの総体にこそ競争優位の源泉がある——という視点です。

競争優位をもち、高い業績をあげている企業A社があるとします。A社の競合企業B社はA社になんとか追いつこうとしています。B社はA社の成功の背後にある戦略に関心を寄せ、その強みを手に入れるためにA社の戦略を模倣しようとします。

なぜA社の競争優位が持続するのか。従来の競争戦略論は「模倣障壁」の論理に依拠してきました。つまり、B社はA社の戦略を模倣しようとするのだけれども、そこにいくつかの障壁があるので、完全には真似しきれない。だからA社の競争優位が持続するという論理です。

A社にとっての競争優位の防御（B社にとっての模倣障壁）にはさまざまな種類があります。A社が先行者優位に基づいて参入障壁を固めているため、B社がその業界に参入すること自体ができない。これは業界の競争構造に注目したレベル2の模倣障壁です。

異なるポジショニングの間にはトレードオフがあるので、B社がA社の戦略を模倣するのはそう簡単ではない。これはレベル3の模倣障壁（ポーター先生の競争戦略論でいう「移動障壁」）です。

しかし、もしA社の業績が長期にわたって好調であれば、いずれは競争相手もトレードオフを乗り越えてリポジショニング（戦略ポジションの変更）に乗り出してくる。しかし、です。もしA社の戦略ストーリーの中に、B社から見てあきらかに「非合理」な要素が含まれていたらどうでしょうか。B社はA社の戦略を部分的には模倣するにしても、一見して非合理な要素については手を出さないはずです。その結果としてA社の戦略は独自性を維持することになります。

ここでの持続的な競争優位の論理は、模倣障壁ではありません。そもそも競合他社が真似しようという意図をもたないという「動機の不在」にあります。模倣するどころか、他社は合理的な意図をもって模倣を忌避する――これが戦略ポジションのトレードオフ（レベル3）の一枚上を行くレベル4の競争優位です。レベル4にある戦略は、競争優位の持続性という点で移動障壁という防御の論理よりもさらに強力です。僕は今のところこれが究極の競争優位の正体であると考えています。

賢者の盲点を突く

クックマートの競争優位はレベル4にあります。業界が非合理だと考えていることをやり、それを戦略ストーリー全体の文脈の中で合理性に転化する――ここにクックマートの競争戦略の妙味があります。

大手スーパーが追求する合理性は「チェーンストア」という考え方に集約されます。大量に作り、大量に仕入れ、大量に売ることによって、スケールメリットを出す。商品構成とオペレーションを標準化し、効率を追求する。そのためには本部主導の計画と、それを実行するための集権的な運営組織がカギになります。日本中でチェーン展開する大手スーパーよりも規模が小さく、ローカルな市場を相手にする食品スーパーもまたチェーンストアの合理性を追求してきました。大手スーパーを手本として、規模の拡大による効率化を眼目とした経営をしています。

チェーンストアは確かに合理的で、だからこそスーパーに限らず多くの小売業が採用しています。ただし、この種の合理性には重要な前提があります。商品が標準化・規格化できる「工業製品」でなければならないということです。

業界の素人だった著者はそもそもこの前提に懐疑的でした。食品スーパーが主力商品とする生鮮食品はそもそも大量生産・大量販売可能な工業製品ではない。文字通りのナマモノだ――言われてみればあたりまえの話です。しかし、従来の食品スーパーは業界で信じられていた合理性を追求するあまり、このあたりまえの事実から目を背けていました。著者はこう言っています。

本来、地域の食を扱う市場《いちば》というのはローカルなもので、合理性だけでは対応できないのが当然の世界でした。しかし、ある時期から、極端なチェーンストア化が進み、大手スーパーを手本として徹底した合理化・規格化を目指すようなあり方が「正解」と見なされてきたように思います。

著者は食品スーパーの本質として次の3点を指摘しています。第1に、売上構成比の過半数が生鮮食品というナマモノであること。大量生産が困難なのに加えて、品質や規格にバラツキがあり、鮮度劣化が早く、適切な保存・加工・調理技術が必要となります。第2に、生鮮食品の需要は必然的にローカルな特殊性を持つこと。本書にあるように、クックマートが展開する東三河（愛知県東部）と浜松（静岡県西部）エリアは、車で30分の距離と近く、浜名湖を挟んで隣接していますが、大きく食文化や習慣が異なっています。消費者の食生活はその地域の文化や伝統と結びついています。「うまいから食う」というよりも、「今までも食ってきたからこれからも食う」という理屈ではない要素が需要の基盤にあります。第3に、それを扱う従業員や買い手である消費者もまたナマモノであること。「生鮮」「ローカル」「人間」という三重のナマモノが複雑に絡み合って、独特な世界を形成している。それを著者は「魔境」と表現しています。大手スーパーを小さくしたのが食品スーパーなのではなく、まったく性質の違う商売としたところに著者の慧眼《けいがん》があります。「魔境」の持つ複雑性を受け入れ、複雑なまま扱う――この決断がクックマートの戦略の原点にあります。

複雑な魔境を本部主導の計画や標準化されたオペレーションで扱うのは無理があります。なるべく人手をかけず、標準化された効率的な売場からは、ナマモノに固有の楽しさや活気は生まれません。顧客接点にある現場が気づき、考え、それを即座に商品や売場に反映するのが不可欠です。しかし、チェーンストアは効率的なオペレーションを追求するがゆえに、本部の計画や指示から逸脱する現場での気づきや創意工夫、その根底にある従業員の個性やモチベーションは、オペレーションを狂わせるノイズとみなされます。

大手スーパーの総菜コーナーを見ていると、「工場で作ったものを、ただ並べている」ことがよくあります。そういう商品は不思議なほど魅力がない。いわば「スーパーのコンビニ化」。ナマモノたる生鮮食品に対して合理化・規格化の思想で対峙すると、出てくるものはある種の工業製品としての「死んだ規格品」になってしまいます。せっかくの生鮮食品という生きた素材が、規格化される中で死ぬのです。

「魔境」を適切に扱ったときに生まれる「ピチピチの食べ物」。その「勢い」「鮮度」「輝き」は実に不思議なもので、魔法がかかったように売場と商品に現れます。カットフルーツ、お刺身、ローストビーフ、お弁当……手間暇かけた「手作り」の違いは一目瞭然。クックマートにはそうした商品があふれています。見ればわかる、食べればわかる。それが信頼を生み、リピーターにつながっていきます。

つまり、生鮮においては「複雑なものを複雑なまま取り扱う」「手間暇かける」というプロセスが欠かせないわけです。それを無視してむやみに規格化・合理化すると、魔法が解けて、無機質な売場と商品になる。それを賢い消費者は「感じる」ことができる。「安いけど、何かヘンだぞ」と。

クックマートがやっていることはことごとく大手スーパーの逆を行くものですが、これは俗にいう「逆張り」ではありません。他社が合理性を追求する中で見過ごしてきた裏側に注目する戦略であり、「裏張り」といったほうが適切です。業界に定着している合理性の裏をかく。競合他社から見ればクックマートは大いに非合理なことをやっているわけですが、魔境の商売をしているクックマートからすれば、ごく自然で合理的なことをしています。

複雑なものを複雑なまま扱うというクックマートの戦略がローカル市場の顧客にとって魅力的な商品構成と競争力のある売場として結実し、それが売上と利益をもたらしていることは事実です。競合他社も気づいているはずです。しかし、彼らがクックマートの戦略を丸ごと模倣してくる可能性は低い。なぜならば、彼らの目には依然としてクックマートがやっていることがどうしようもなく非合理に映るからです。

クックマートの戦略が依拠しているトレードオフは、「あちらを立てればこちらが立たず」というニュートラルな二律背反ではありません。クックマートがやっている「あちら」は（他社からすれば）明らかに非合理なのです。そもそも「あちらを立て」ようとする動機がない。それだけ「強いトレードオフ」になっているということです。真似できないのではなく、真似したいと思わない。真似してくれと言っても、他社はイヤだというでしょう。つまりは、競争優位が自然に持続するという成り行きです。

デライトのこれから

最後に、デライトとクックマートのこれからを考えてみましょう。ローカル市場を相手に生鮮を中心とする食品スーパー業に特化するというデライトのポジションからして、デライトの成長余力には限界があります。現在の商圏を維持しながら、売上をある程度伸ばすことはできるでしょうし、周辺地域に徐々に商売を拡張することも可能かもしれません。一定の伸びしろは残されていますが、現行の戦略からして飛躍的な成長は期待できません。

すでに強調したように、一貫した独自の戦略があるということは、やらないこと・できないことがはっきりとしているということです。あらゆる可能性を追求できるのは、明確な戦略がない企業だけです。安易な成長の追求は戦略の一貫性を破壊します。デライトは既存の食品スーパー事業の外には出られないし、また出るべきでもありません。成長を追求せずに現在の商圏とその周辺にとどまり、魔境の商売をさらに深掘りしていくというのも、それはそれで筋が通っています。

しかし、それではあまりにもったいない。日本各地にローカルな食品スーパーがあります。その中には、大手スーパーをモデルにした規模と標準化による効率追求の呪縛にとらわれて、本来の魔境の商売の魅力を発揮できずにいるプレイヤーがたくさんいます。魔境でこそ生き生きと活躍できるマイルドヤンキー的な働き手も日本中にいます。何よりも、面白さや驚きがない売場で毎日食品を買っている消費者が日本のあちらこちらにいるのです。「楽しむ、楽しませる」をコンセプトに「ローカルメリット」を追求する食品スーパーはあらゆる地方で通用するコンセプトのはずです。これまでとは異なる地域で、そこでのローカル顧客をターゲットに、デライトのやり方を横展開することは十分に可能です。

本書にあるように、デライトは2022年に投資ファンドのマーキュリアインベストメントとの資本業務提携を発表しています。さらなる成長の実現が目的ですが、その戦略の具体的な中身については本書では触れられていません。食品スーパーは完全に成熟しきっている市場ですから、新しい地域にクックマートをゼロから新規出店し、既存の食品スーパーと競合しながらホームグラウンドと同じような商売をつくっていくのは無理があります。

事業立地や経営に対する基本姿勢の点でフィットする既存のローカル食品スーパーを厳選し、ファンドと組んで買収もしくは資本参加するほうが筋が良い。そこにデライトのやり方を移植し、儲かる商売へと転換させることができれば、デライト全体として長期利益を確保しつつトップラインを上げていくことができます。規模の成長を追求する買収ではなく、結果として成長が実現されるというストーリーです。ニデック（日本電産）が、技術は良いものを持っているけれども経営に難があるモーターメーカーを買収し、そこにニデック流の経営を移植することによって収益を回復させ、成長したのと似たパターンです。

資本参加しなくても、マネジメント・コントラクトという形でデライトから経営人材を派遣し、クックマートの戦略を注入することによって事業を伸ばし、その対価としてフィーを得るというやり方も考えられます。これはデライトが開拓してきたスーパーの「第三の道」の日本全体への拡張を意図した、ある種のコンサルティング業となります。ホテルやウエディング、レストランを展開するＰＤＳ（プラン・ドゥー・シー）という会社があります。ＰＤＳは明確なポジショニングと強力な組織能力をもっています。直営のホテルや店舗以外にも、さまざまな同業他社とマネジメント・コントラクトを結んでいます。中核を担う人材を派遣し、ＰＤＳ流のサービスを導入し、業績を伸ばすことで対価を得るという事業でも成功しています。同様のことがデライトにもできるかもしれません。

いずれにせよ、新しい地域に進出するにしてもクックマートで培った戦略ストーリーを崩すことなく横展開できるかどうかがこれからの成長のカギになります。加えて、これまでとは異なるローカル商圏での商売は、必ず新しい発見や知見をもたらします。これまでの戦略をさらに進化させるきっかけにもなるでしょう。

競争戦略の分野で仕事をしている僕にとって、デライトは実に面白い会社であり、クックマートは興味深い事業です。なぜかといえば、デライトの拠りどころはこれまでもこれからも戦略にしかないからです。食品スーパーを取り巻く経営環境がますます厳しくなっていくのは間違いありません。人口減少とともに縮小する市場、無数の競合企業、大手スーパーの脅威、ＥＣの台頭……業界のどこを見てもいい話はひとつもありません。それでも、独自の戦略ストーリー（だけ）を頼りに長期利益を実現している。これこそ戦略の醍醐味です。

本書が伝えるクックマートの戦略は、「賢者の盲点を突く」という競争戦略の神髄を見せてくれます。そこに僕は痺《しび》れます。傍から見ているだけの僕にとって面白かろうが痺れようが、そんなことは実際に経営をしている著者にとってはどうでもいいことなのですが、僕はデライト／クックマートのこれからを注視しています。

経営学者　楠木建

白井 健太郎 Kentaro Shirai

デライトホールディングス株式会社
クックマート株式会社 代表取締役社長

1980年愛知県豊橋市生まれ。明治大学商学部卒業後、インターネット広告、キャラクタービジネス、映像制作、観光プロモーション、クリエイターのエージェントなどを経験。2010年デライト関連会社である食品卸問屋に入社。2012年デライト入社。2017年より代表取締役社長。今までのスーパーマーケット業界の常識にとらわれず、「楽しさ」「内発的動機」を中心とした「人を幸せにする新しいチェーンストアの創造」を目指している。

クックマートの競争戦略

ローカルチェーンストア第三の道

2023年7月25日 第1刷発行
2023年12月18日 第3刷発行

著者 白井 健太郎

発売 ダイヤモンド社
〒150-8409 東京都渋谷区神宮前6-12-17
https://www.diamond.co.jp/
電話：03-5259-5941（販売）

発行所 ダイヤモンド・リテイルメディア
〒101-0051 東京都千代田区神田神保町1-6-1
https://diamond-rm.net/
電話：03-5259-5941（編集）

アートディレクション 谷口 佐智子（&Rainbow Inc.）
ブックデザイン &Rainbow Inc.
イラスト 宮崎 一人
撮影 尾﨑 芳弘（DARUMA）
編集 大宮 弓絵
印刷/製本 ダイヤモンド・グラフィック社

ISBN 978-4-478-09086-2

BEAR